edition suhrkamp

Redaktion: Günther Busch

Peter Handke, wurde 1942 in Griffen, Kärnten, geboren. Er wurde mit zahlreichen Preisen, unter anderem dem Georg-Büchner-Preis, ausgezeichnet. Sein Werk im Suhrkamp Verlag ist auf S. 99 f. verzeichnet.
Diese drei Stücke ohne Handlung, ohne Szenenbilder und ohne Requisiten sind Sprechstücke, die, nach den Klangelementen der Beatmusik gebaut, die Sprache selbst zum Inhalt machen, es sind Versuche, auf dem Theater Wirklichkeit durch Sprache zurückzugewinnen. Sie bedienen sich der natürlichen Äußerungsform der Beschimpfung, der Selbstbezichtigung, der Beichte, der Aussage, der Frage, der Rechtfertigung, der Ausrede, der Weissagung, der Hilferufe. Dabei zerstört der Autor den Illusionscharakter auch des modernen Theaterstücks: die Spieler sind die Beobachter, das Publikum ist das Thema. Indem Handke das Theater aufhebt, macht er neues Theater.

Peter Handke

Publikumsbeschimpfung und andere Sprechstücke

Suhrkamp Verlag

Geschrieben:
Publikumsbeschimpfung 1965
Weissagung 1964
Selbstbezichtigung 1965

edition suhrkamp 177
Erste Auflage 1966
 Satz in Linotype Garamond bei der MZ-Verlagsdruckerei GmbH, Memmingen. Druck bei der Nomos Verlagsgesellschaft, Baden-Baden. Gesamtausstattung Willy Fleckhaus.

19 20 21 22 23 24 – 94 93 92 91 90 89

Publikumsbeschimpfung

Für

Karlheinz Braun, Claus Peymann, Basch Peymann,
Wolfgang Wiens, Peter Steinbach, Michael Gruner,
Ulrich Hass, Claus Dieter Reents, Rüdiger Vogler,
John Lennon

Vier Sprecher

Regeln für die Schauspieler

Die Litaneien in den katholischen Kirchen anhören.
Die Anfeuerungsrufe und die Schimpfchöre auf den Fußballplätzen anhören.
Die Sprechchöre bei Aufläufen anhören.
Die laufenden Räder eines auf den Sattel gestellten Fahrrads bis zum Ruhepunkt der Speichen anhören und die Speichen bis zu ihrem Punkt der Ruhe ansehen.
Das allmähliche Lautwerden einer Betonmischmaschine nach dem Anschalten des Motors anhören.
Das Inswortfallen bei Debatten anhören.
›Tell me‹ von den Rolling Stones anhören.
Die zugleich geschehenden Einfahrten und Ausfahrten von Zügen anhören.
Die Hitparade von Radio Luxemburg anhören.
Die Simultansprecher bei den Vereinten Nationen anhören.
In dem Film ›Die Falle von Tula‹ den Dialog des Gangsterbosses (Lee J. Cobb) mit der Schönen anhören, in dem die Schöne den Gangsterboß fragt, wieviele Menschen er denn noch umbringen lassen werde, worauf der Gangsterboß, indem er sich zurücklehnt, fragt: Wieviele gibt's denn noch? und dabei den Gangsterboß ansehen.
Die Beatles-Filme ansehen.
In dem ersten Beatles-Film Ringo Starrs Lächeln ansehen, in dem Augenblick, da er, nachdem er von den andern gehänselt worden ist, sich an das Schlagzeug setzt und zu trommeln beginnt.
In dem Film ›Der Mann aus dem Westen‹ das Gesicht Gary Coopers ansehen.
In demselben Film das Sterben des Stummen ansehen, der mit

der Kugel im Leib die ganze öde Straße durch die verlassene Stadt hinunterläuft und hüpfend und springend jene schrillen Schreie ausstößt.
Die die Menschen nachäffenden Affen und die spuckenden Lamas im Zoo ansehen.
Die Gebärden der Tagediebe und Nichtstuer beim Gehen auf den Straßen und beim Spiel an den Spielautomaten ansehen.

Wenn die Besucher den für sie bestimmten Raum betreten, erwartet sie die bekannte Stimmung vor dem Beginn eines Stücks. Vielleicht ist hinter dem geschlossenen Vorhang sogar das Geräusch von irgendwelchen Gegenständen zu hören, die den Besuchern das Verschieben und Zurechtrücken von Kulissen vortäuschen. Zum Beispiel wird ein Tisch quer über die Bühne gezogen oder einige Stühle werden geräuschvoll aufgestellt und wieder beiseitegetragen. Die Zuschauer in den ersten Reihen können hinter dem Vorhang auch die geflüsterten Anweisungen vorgetäuschter Bühnenmeister und die geflüsterten Verständigungen vorgetäuschter Arbeiter hören. Vielleicht ist es zweckdienlich, dafür Tonbandaufnahmen von anderen Stücken zu verwenden, bei denen vor dem Aufgehen des Vorhangs in Wirklichkeit Gegenstände bewegt werden. Diese Geräusche werden zur besseren Hörbarkeit noch verstärkt. Man typisiert und stilisiert sie, so daß eine Ordnung oder Gesetzmäßigkeit in den Geräuschen entsteht. Auch im Zuschauerraum ist für die gewohnte Theaterstimmung zu sorgen. Die Platzanweiser vervollkommnen noch ihre gewohnte Beflissenheit, bewegen sich noch formeller und zeremonieller, dämpfen ihr gewohntes Flüstern noch stilvoller. Ihr Gehaben wirkt ansteckend. Die Programme sind in vornehmer Ausstattung gehalten. Das wiederholte Klingelsignal darf nicht vergessen werden. Es folgt in immer kürzeren Abständen. Das allmähliche Verlöschen des Lichts wird nach Möglichkeit noch hinausgezögert. Vielleicht kann es stufenweise geschehen. Die Gebärden der Platzanweiser, die die Türen nun schließen, sind besonders gravitätisch und auffallend. Dennoch sind sie nichts anderes als Platzanweiser. Es soll keine Symbolik entstehen. Zu spät Kommende haben keinen Zutritt. Besucher in unangemessener Kleidung werden abgewiesen. Der Begriff der unangemessenen Kleidung ist möglichst weit auszulegen. Niemand soll durch seine Kleidung besonders aus den Zuschauern herausstechen und das Auge verletzen. Zumindest sollen die Herren dunkel gekleidet sein, Rock, weißes Hemd und eine unauffällige Krawatte tragen. Die Damen sollen grelle Farben ihrer Garderoben tunlichst vermeiden. Es gibt keine Stehplätze. Sind die Türen geschlossen und ist das Licht allmählich erloschen, so wird es auch hinter dem Vorhang allmählich still. Die Stille hinter dem Vorhang und die Stille, die im Zuschauerraum eintritt, gleichen einander. Die Zuschauer starren noch eine kleine Weile auf den sich fast unmerklich bewegenden, von einem vorgetäuschten Huschen sich vielleicht sogar buchtenden Vorhang. Dann wird der Vorhang ruhig. Es verstreicht noch eine kurze Zeit. Dann geht der Vorhang langsam auseinander und gibt den Blick frei. Wenn die Bühne den Blicken frei ist, kommen aus dem Bühnenhintergrund die vier Sprecher nach vorn. Sie werden in ihrem Gehen durch keinen Gegenstand behindert. Die Bühne ist leer. Während sie in den Vordergrund kommen, in einem Gang, der nichts anzeigt, in einer beliebigen Kleidung, wird es wieder hell, auf der Bühne und im Zuschauerraum. Die Helligkeit hier und dort ist ungefähr gleich, von einer Stärke, die den Augen nicht weh tut. Das Licht ist das gewohnte, das einsetzt, wenn zum Beispiel die Vorstellung aus ist. Die Helligkeit bleibt auf der Bühne wie im Zuschauerraum während des ganzen Stückes unverändert. Die Sprecher schauen noch nicht ins Publikum, während sie herankommen. Sie proben noch im Gehen. Sie richten die Worte, die sie sprechen, keinesfalls an die Zuhörer. Das Publikum darf noch keinesfalls gemeint sein. Für die Sprecher ist es noch nicht vorhanden. Während sie herankommen, bewegen sie die Lippen. Allmählich werden ihre Worte verständlich und schließlich laut. Die Schimpfwörter, die sie sprechen, überschneiden sich. Die Sprecher sprechen durcheinander. Sie nehmen voneinander Wörter auf. Sie nehmen einander Worte aus dem Mund. Sie sprechen gemeinsam. Sie sprechen alle zugleich, aber verschiedene Wörter. Sie wiederholen die Wörter. Sie sprechen lauter. Sie schreien. Sie vertauschen die geprobten Wörter untereinander. Sie proben schließlich gemeinsam ein Wort. Die Wörter, die sie zu diesem Vorspiel verwenden, sind folgende: (die Reihenfolge ist nicht zu beachten) *Ihr Fratzen, ihr Kasperl, ihr Glotzaugen, ihr Jammergestalten, ihr Ohrfeigengesichter, ihr Schießbudenfiguren, ihr Maulaffenfeilhalter.* Nach einer gewissen klanglichen Einheitlichkeit ist zu streben. Außer dem Klangbild soll sich aber kein anderes Bild ergeben. Die Beschimpfung ist an niemanden gerichtet. Aus ihrer Sprechweise soll sich keine Bedeutung ergeben. Die Sprecher sind vor dem Ende der Schimpfprobe im Vordergrund angelangt. Sie stellen sich zwanglos auf, bilden aber eine gewisse Formation. Sie sind nicht völlig starr, sondern bewegen sich nach der Bewegung, die ihnen die zu sprechenden Worte verleihen. Sie schauen nun ins Publikum, fassen aber niemand ins Auge. Sie bleiben noch ein wenig stumm. Sie sammeln sich. Dann beginnen sie zu sprechen. Die Reihenfolge des Sprechens ist beliebig. Alle Sprecher sind ungefähr gleich viel beschäftigt.

Sie sind willkommen.

Dieses Stück ist eine Vorrede.

Sie werden hier nichts hören, was Sie nicht schon gehört haben. Sie werden hier nichts sehen, was Sie nicht schon gesehen haben. Sie werden hier nichts von dem sehen, was Sie hier immer gesehen haben. Sie werden hier nichts von dem hören, was Sie hier immer gehört haben.

Sie werden hören, was Sie sonst gesehen haben.
Sie werden hören, was Sie hier sonst nicht gesehen haben.
Sie werden kein Schauspiel sehen.
Ihre Schaulust wird nicht befriedigt werden.
Sie werden kein Spiel sehen.
Hier wird nicht gespielt werden.
Sie werden ein Schauspiel ohne Bilder sehen.

Sie haben sich etwas erwartet.
Sie haben sich vielleicht etwas anderes erwartet.
Sie haben sich Gegenstände erwartet.
Sie haben sich keine Gegenstände erwartet.
Sie haben sich eine Atmosphäre erwartet.
Sie haben sich eine andere Welt erwartet.
Sie haben sich keine andere Welt erwartet.
Jedenfalls haben Sie sich etwas erwartet.
Allenfalls haben Sie sich das erwartet, was Sie hier hören.
Aber auch in diesem Fall haben Sie sich etwas anderes erwartet.

Sie sitzen in Reihen. Sie bilden ein Muster. Sie sitzen in einer gewissen Ordnung. Ihre Gesichter zeigen in eine gewisse Richtung. Sie sitzen im gleichen Abstand voneinander. Sie sind ein Auditorium. Sie bilden eine Einheit. Sie sind eine Zuhörerschaft, die sich im Zuschauerraum befindet. Ihre Gedanken sind frei. Sie machen sich noch Ihre eigenen Gedanken. Sie sehen uns sprechen und Sie hören uns sprechen. Ihre Atemzüge werden einander ähnlich. Ihre Atemzüge passen sich den Atemzügen an, mit denen wir sprechen. Sie atmen, wie wir sprechen. Wir und Sie bilden allmählich eine Einheit.

Sie denken nichts. Sie denken an nichts. Sie denken mit. Sie denken nicht mit. Sie sind unbefangen. Ihre Gedanken sind frei. Indem wir das sagen, schleichen wir uns in Ihren Gedanken. Sie haben Hintergedanken. Indem wir das sagen, schleichen wir uns in Ihre Hintergedanken. Sie denken mit. Sie hören. Sie vollziehen nach. Sie vollziehen nicht nach. Sie denken nicht. Ihre Gedanken sind nicht frei. Sie sind befangen.

Sie schauen uns an, wenn wir mit Ihnen sprechen. Sie schauen uns nicht *zu*. Sie schauen uns *an*. Sie werden angeschaut. Sie sind ungeschützt. Sie haben nicht mehr den Vorteil derer, die aus dem Dunkeln ins Licht schauen. Wir haben nicht mehr den Nachteil derer, die vom Licht in das Dunkle schauen. Sie schauen nicht zu. Sie schauen an und Sie werden angeschaut. Auf diese Weise bilden wir und Sie allmählich eine Einheit. Statt Sie könnten wir unter gewissen Voraussetzungen auch wir sagen. Wir befinden uns unter einem Dach. Wir sind eine geschlossene Gesellschaft.

Sie hören uns nicht *zu*. Sie hören uns *an*. Sie sind nicht mehr die Lauscher hinter der Wand. Wir sprechen offen zu Ihnen. Unsere Gespräche gehen nicht mehr im rechten Winkel zu

Ihren Blicken. Unsere Gespräche werden von Ihren Blicken nicht mehr geschnitten. Unsere Worte und Ihre Blicke bilden keinen Winkel mehr miteinander. Sie werden nicht mißachtet. Sie werden nicht als bloße Zwischenrufer behandelt. Sie brauchen sich über kein Geschehen hier aus der Perspektive von Fröschen und Vögeln ein Urteil zu bilden. Sie brauchen nicht Schiedsrichter zu spielen. Sie werden nicht mehr als eine Zuschauerschaft behandelt, an die wir uns zwischendurch wenden können. Das ist kein Spiel. Hier gibt es kein Zwischendurch. Hier gibt es kein Geschehen, das Sie ansprechen soll. Das ist kein Spiel. Wir treten aus keinem Spiel heraus, um uns an Sie zu wenden. Wir haben keine Illusionen nötig, um Sie desillusionieren zu können. Wir zeigen Ihnen nichts. Wir spielen keine Schicksale. Wir spielen keine Träume. Das ist kein Tatsachenbericht. Das ist keine Dokumentation. Das ist kein Ausschnitt der Wirklichkeit. Wir erzählen Ihnen nichts. Wir handeln nicht. Wir spielen Ihnen keine Handlung vor. Wir stellen nichts dar. Wir machen Ihnen nichts vor. Wir sprechen nur. Wir spielen, indem wir Sie ansprechen. Wenn wir wir sagen, können wir auch Sie meinen. Wir stellen nicht Ihre Situation dar. In uns können Sie nicht sich selber erkennen. Wir spielen keine Situation. Sie brauchen sich nicht betroffen zu fühlen. Sie können sich nicht betroffen fühlen. Ihnen wird kein Spiegel vorgehalten. Sie sind nicht gemeint. Sie sind angesprochen. Sie werden angesprochen. Sie werden angesprochen werden. Sie werden sich langweilen, wenn Sie nicht angesprochen sein wollen.

Sie leben nicht mit. Sie gehen nicht mit. Sie vollziehen nichts nach. Sie erleben hier keine Intrigen. Sie erleben nichts. Sie stellen sich nichts vor. Sie brauchen sich nichts vorzustellen.

Sie brauchen keine Voraussetzung. Sie brauchen nicht zu wissen, daß dies hier eine Bühne ist. Sie brauchen keine Erwartung. Sie brauchen sich nicht erwartungsvoll zurückzulehnen. Sie brauchen nicht zu wissen, daß hier nur gespielt wird. Wir machen keine Geschichten. Sie verfolgen kein Geschehen. Sie spielen nicht mit. Hier wird Ihnen mitgespielt. Das ist ein Wortspiel.

Hier wird nicht dem Theater gegeben, was des Theaters ist. Hier kommen Sie nicht auf Ihre Rechnung. Ihre Schaulust bleibt ungestillt. Es wird kein Funken von uns zu Ihnen überspringen. Es wird nicht knistern vor Spannung. Diese Bretter bedeuten keine Welt. Sie gehören zur Welt. Diese Bretter dienen dazu, daß wir darauf stehen. Dies ist keine andre Welt als die Ihre. Sie sind keine Zaungäste mehr. Sie sind das Thema. Sie sind im Blickpunkt. Sie sind im Brennpunkt unserer Worte.

Ihnen wird nichts vorgespiegelt. Sie sehen keine Wände, die wackeln. Sie hören nicht das falsche Geräusch einer ins Schloß fallenden Tür. Sie hören kein Sofa knarren. Sie sehen keine Erscheinungen. Sie haben keine Gesichte. Sie sehen kein Bild von etwas. Sie sehen auch nicht die Andeutung eines Bildes. Sie sehen keine Bilderrätsel. Sie sehen auch kein leeres Bild. Die Leere dieser Bühne ist kein Bild von einer anderen Leere. Die Leere dieser Bühne bedeutet nichts. Diese Bühne ist leer, weil Gegenstände uns im Weg wären. Sie ist leer, weil wir keine Gegenstände brauchen. Diese Bühne stellt nichts dar. Sie stellt keine andere Leere dar. Die Bühne *ist* leer. Sie sehen keine Gegenstände, die andere Gegenstände vortäuschen. Sie sehen keine Dunkelheit, die eine andere Dunkelheit vortäuscht. Sie sehen keine Helligkeit, die eine andere Helligkeit vortäuscht. Sie sehen kein Licht, das ein anderes Licht vortäuscht. Sie hören keine Geräusche, die andere Geräusche vortäuschen. Sie sehen keinen Raum, der einen anderen Raum vortäuscht. Sie erleben hier keine Zeit, die eine andere Zeit bedeutet. Hier auf der Bühne ist die Zeit keine andre als die bei Ihnen. Wir haben die gleiche Ortszeit. Wir befinden uns an den gleichen Orten. Wir atmen die gleiche Luft. Wir sind im gleichen Raum. Hier ist keine andere Welt als bei Ihnen. Die Rampe ist keine Grenze. Sie ist nicht nur manchmal keine Grenze. Sie ist keine Grenze die ganze Zeit, während wir zu Ihnen sprechen. Hier ist kein unsichtbarer Kreis. Hier ist kein Zauberkreis. Hier ist kein Spielraum. Wir spielen nicht. Wir sind alle im selben Raum. Die Grenze ist nicht durchbrochen, sie ist nicht durchlässig, sie ist gar nicht vorhanden. Zwischen Ihnen und uns ist kein Strahlungsgürtel. Wir sind keine selbstbeweglichen Requisiten. Wir sind nicht die Bilder von etwas. Wir sind keine Darsteller. Wir stellen nichts dar. Wir stellen nichts vor. Wir tragen keine Decknamen. Unser Herzschlag bedeutet keinen anderen Herzschlag. Unsere markerschütternden Schreie bedeuten keine anderen markerschütternden Schreie. Wir treten nicht aus den Rollen heraus. Wir haben keine Rollen. Wir sind wir. Wir sind das Sprachrohr des Autors. Sie können sich kein Bild von uns machen. Sie brauchen sich kein Bild von uns zu machen. Wir sind wir. Unsere Meinung braucht sich mit der des Autors nicht zu decken.

Das Licht, das uns beleuchtet, hat nichts zu bedeuten. Auch die Kleidung, die wir tragen, hat nichts zu bedeuten. Sie zeigt nichts, sie sticht nicht ab, sie bedeutet nichts. Sie will Ihnen keine andere Zeit bedeuten, kein anderes Klima, keine andere Jahreszeit, keinen anderen Breitengrad, keinen anderen Anlaß, sie zu tragen. Sie hat keine Funktion. Auch unsere Gesten haben keine Funktion, die Ihnen etwas bedeuten soll. Das ist kein Welttheater.

Wir sind keine Spaßmacher. Es gibt keine Gegenstände hier, über die wir stolpern könnten. Die Tücke des Objekts ist nicht eingeplant. Die tückischen Gegenstände spielen nicht mit, weil nicht mit ihnen gespielt wird. Die Gegenstände dienen nicht dazu, tückisch zu *spielen*, sie *sind* tückisch. Wenn wir hier stolpern, stolpern wir absichtslos. Absichtslos ist auch ein Fehler an unserer Kleidung, absichtslos sind unsere vielleicht lächerlichen Gesichter. Auch Versprecher, die Sie erheitern, sind unbeabsichtigt. Wenn wir stottern, stottern wir ohne unsere Absicht. Das Herunterfallen eines Taschentuchs können wir nicht in das Spiel einbeziehen. Wir spielen nicht. Wir können die Tücke der Objekte nicht in ein Spiel einbeziehen. Wir können die Tücke der Objekte nicht retouchieren. Wir können nicht zweideutig sein. Wir können nicht vieldeutig sein. Wir sind keine Clowns. Wir sind in keiner Arena. Sie genießen nicht das Machtgefühl der Umzingler. Sie genießen nicht die Komik der Hinteransicht. Sie genießen nicht die Komik der tückischen Objekte. Sie genießen die Komik der Worte.

Hier werden die Möglichkeiten des Theaters nicht genutzt. Der Bereich der Möglichkeiten wird nicht ausgemessen. Das Theater wird nicht entfesselt. Das Theater wird gefesselt. Das Schicksal ist hier ironisch gemeint. Wir sind nicht theatralisch. Unsere Komik ist nicht umwerfend. Ihr Lachen kann nicht befreiend sein. Wir sind nicht spielfreudig. Wir spielen Ihnen keine Welt vor. Das ist nicht die Hälfte einer Welt. Wir bilden nicht zwei Welten.

Sie sind das Thema. Sie stehen im Mittelpunkt des Interesses. Hier wird nicht gehandelt, hier werden Sie behandelt. Das ist kein Wortspiel. Hier werden Sie nicht als Einzelmenschen behandelt. Sie sind hier nicht einzeln. Sie haben hier keine besonderen Kennzeichen. Sie haben keine besonderen Physiognomien. Sie sind hier kein Individuum. Sie haben keine Charakteristiken. Sie haben kein Schicksal. Sie haben keine Geschichte. Sie haben keine Vergangenheit. Sie sind kein Steckbrief. Sie haben keine Lebenserfahrung. Sie haben hier Theatererfahrung. Sie haben das gewisse Etwas. Sie sind Theaterbesucher. Sie interessieren nicht wegen Ihrer Eigenschaften. Sie interessieren in Ihrer Eigenschaft als Theaterbesucher. Sie bilden hier als Theaterbesucher ein Muster. Sie sind keine Persönlichkeiten. Sie sind keine Einzahl. Sie sind eine Mehrzahl von Personen. Ihre Gesichter zeigen in eine Richtung. Sie sind ausgerichtet. Ihre Ohren hören dasselbe. Sie sind ein Ereignis. Sie sind das Ereignis.

Sie werden von uns gemustert. Sie bilden aber kein Bild. Sie sind nicht symbolisch. Sie sind ein Ornament. Sie sind ein Muster. Sie haben Merkmale, die alle hier haben. Sie haben allgemeine Merkmale. Sie sind eine Gattung. Sie bilden ein Muster. Sie tun das gleiche und Sie tun das gleiche nicht: Sie schauen in eine Richtung. Sie stehen nicht auf und schauen nicht in verschiedene Richtungen. Sie sind ein Muster und Sie haben ein Muster. Sie haben eine Mustervorstellung, mit der Sie hierher ins Theater gekommen sind. Sie haben die Mustervorstellung, daß hier oben ist, und daß bei Ihnen unten ist. Sie haben die Vorstellung von zwei Welten. Sie haben die Mustervorstellung von der Welt des Theaters.

Jetzt brauchen Sie dieses Muster nicht. Sie wohnen hier keinem Theaterstück bei. Sie wohnen nicht bei. Sie sind im Blickpunkt. Sie sind im Brennpunkt. Sie werden angefeuert. Sie können Feuer fangen. Sie brauchen kein Muster. Sie sind das Muster. Sie sind entdeckt. Sie sind die Entdeckung des Abends. Sie feuern uns an. Unsere Worte entzünden sich an Ihnen. Von Ihnen springt der Funke über zu uns.

Dieser Raum täuscht keinen Raum vor. Die offene Seite zu Ihnen ist nicht die vierte Wand eines Hauses. Hier braucht die Welt nicht aufgeschnitten zu werden. Sie sehen hier keine Türen. Sie sehen nicht die zwei Türen der alten Dramen. Sie sehen nicht die Hintertür, durch die der, der nicht gesehen werden soll, hinausschlüpfen kann. Sie sehen nicht die Vordertür, durch die der hereinkommt, der den sehen will, der nicht gesehen werden soll. Es gibt keine Hintertür. Es gibt auch nicht keine Tür wie in neueren Dramen. Die Abwesenheit einer Tür stellt nicht die Abwesenheit einer Tür dar. Hier ist keine andere Welt. Wir tun nicht so, als ob Sie nicht anwesend wären. Sie sind nicht Luft für uns. Sie sind für uns lebenswichtig, weil Sie anwesend sind. Wir sprechen gerade um Ihrer Anwesenheit willen. Ohne Ihre Anwesenheit würden wir ins Leere sprechen. Sie sind nicht stillschweigend vorausgesetzt. Sie sind nicht die stillschweigend vorausgesetzten Lauscher hinter der Wand. Sie spähen nicht durch ein Schlüsselloch. Wir tun nicht so, als ob wir allein auf der Welt wären. Wir explizieren uns nicht voreinander, um dadurch nur Sie aufzuklären. Wir veranstalten nicht zu Ihrer Aufklärung eine Mauerschau. Wir brauchen keine Kunstgriffe, um Sie aufzuklären. Wir brauchen keine Kunstgriffe. Wir brauchen nicht theaterwirksam zu sein. Wir haben keine Auftritte, wir haben keine Abgänge, wir sprechen nicht beiseite zu Ihnen. Wir erzählen Ihnen nichts. Kein Dialog bahnt sich an. Wir stehen nicht im Dialog. Wir stehen auch nicht im Dialog mit Ihnen. Wir wollen mit Ihnen in keinen Dialog treten. Sie sind keine Mitwisser. Sie sind keine Augenzeugen eines Geschehens. Wir führen keine Seitenhiebe gegen Sie. Sie brauchen nicht mehr apathisch zu sein. Sie brauchen nicht mehr tatenlos zuzuschauen. Es geschehen hier keine Taten. Sie empfinden das Unbehagen derer, die angeschaut und angesprochen werden, wenn Sie von vorneherein bereit waren, selber im Dunkeln zu schauen und es sich behaglich zu machen. Ihre Anwesenheit ist offen in jedem Augenblick in unseren Worten inbegriffen. Sie wird behandelt, von einem Atemzug zum andern, von einem Augenblick zum andern, von einem Wort zum andern. Ihre Vorstellung vom Theater ist keine stillschweigende Voraussetzung mehr für unser Handeln. Sie sind weder zum Zuschaun verurteilt noch zum Zuschauen freigestellt. Sie sind das Thema. Sie sind die Spielmacher. Sie sind unsere Gegenspieler. Es wird auf Sie abgezielt. Sie sind die Zielscheibe unserer Worte. Sie dienen zu Zielscheiben. Das ist eine Metapher. Sie dienen als Zielscheiben unserer Metaphern. Sie dienen zu Metaphern.

Von den beiden Polen hier sind Sie der ruhende Pol. Sie befinden sich im Zustand der Ruhe. Sie befinden sich im Zustand der Erwartung. Sie sind hier keine Subjekte. Sie sind hier Objekte. Sie sind die Objekte unserer Worte. Aber Sie sind auch Subjekte.

Hier gibt es keine Pausen. Hier sind die Pausen zwischen den Worten ohne Bedeutung. Hier sind die unausgesprochenen Worte ohne Bedeutung. Es gibt keine unausgesprochenen Worte.

Das Schweigen sagt nichts aus. Es gibt keine schreiende Stille. Es gibt keine stille Stille. Es gibt keine Totenstille. Hier wird durch das Sprechen kein Schweigen erzeugt. In dem Stück steht keine Anweisung, die uns zu schweigen heißt. Wir machen keine Kunstpausen. Unsere Pausen sind natürliche Pausen. Unsere Pausen sind nicht beredt wie das Schweigen. Wir sagen nichts durch das Schweigen. Zwischen unseren Worten tut sich kein Abgrund auf. Es gibt keine Ritzen zwischen unseren Worten. Sie können nicht zwischen den Punkten lesen. Sie können nichts von unseren Gesichtern ablesen. Unsere Gesten sagen nichts aus, was zur Sache gehört. Hier wird nicht das Unsagbare durch das Schweigen gesagt. Hier gibt es keine beredten Blicke und Gesten. Hier ist das Verstummen und das Stummsein kein Kunstmittel. Hier gibt es keine stummen Buchstaben. Hier gibt es nur das stumme H. Das ist eine Pointe.

Sie haben sich bereits Ihre eigenen Gedanken gemacht. Sie haben erkannt, daß wir etwas verneinen. Sie haben erkannt, daß wir uns wiederholen. Sie haben erkannt, daß wir uns widersprechen. Sie haben erkannt, daß dieses Stück eine Auseinandersetzung mit dem Theater ist. Sie haben die dialektische Struktur dieses Stückes erkannt. Sie haben einen gewissen Widerspruchsgeist erkannt. Sie sind sich klar geworden über die Absicht des Stückes. Sie haben erkannt, daß wir vornehmlich verneinen. Sie haben erkannt, daß wir uns wiederholen. Sie erkennen. Sie durchschauen. Sie haben sich noch keine Gedanken gemacht. Sie haben die dialektische Struktur dieses Stückes noch nicht durchschaut. Jetzt durchschauen Sie. Ihre Gedanken sind um einen Gedanken zu langsam gewesen. Jetzt haben Sie Hintergedanken.

Sie sehen bezaubernd aus. Sie sehen berückend aus. Sie sehen blendend aus. Sie sehen atemberaubend aus. Sie sehen einmalig aus.

Aber Sie sind nicht abendfüllend. Sie sind kein hübscher Einfall. Sie ermüden. Sie sind kein dankbares Thema. Sie sind ein dramaturgischer Fehlgriff. Sie sind nicht lebensecht. Sie sind nicht theaterwirksam. Sie versetzen uns in keine andere Welt. Sie bezaubern uns nicht. Sie blenden uns nicht. Sie unterhalten uns nicht köstlich. Sie sind nicht spielfreudig. Sie sind nicht springlebendig. Sie haben keine Theaterpranken. Sie haben kein Gespür für das Theater. Sie haben nichts zu sagen. Ihr Debut ist nicht überzeugend. Sie sind nicht *da*. Sie lassen uns die Zeit nicht vergessen. Sie sprechen nicht den Menschen an. Sie lassen uns kalt.

Das ist kein Drama. Hier wird keine Handlung wiederholt, die schon geschehen ist. Hier gibt es nur ein Jetzt und ein Jetzt und ein Jetzt. Das ist kein Lokalaugenschein, bei dem eine Tat wiederholt wird, die einmal wirklich geschehen ist. Hier spielt die Zeit keine Rolle. Wir spielen keine Handlung, also spielen wir keine Zeit. Hier ist die Zeit wirklich, indem sie von einem Wort zum andern vergeht. Hier flieht die Zeit in den Worten. Hier wird nicht vorgegeben, daß die Zeit wiederholt werden kann. Hier kann kein Spiel wiederholt werden und zur gleichen Zeit spielen wie zuvor. Hier ist die Zeit Ihre Zeit. Hier ist der Zeitraum Ihr Zeitraum. Hier können Sie die Zeit mit der unsern vergleichen. Hier ist die Zeit kein Strick mit zwei Enden. Das ist kein Lokalaugenschein. Hier wird nicht vorgegeben, daß die Zeit wiederholt werden kann. Hier ist der Nabelstrick zu Ihrer Zeit nicht abgeschnitten. Hier ist die Zeit aus dem Spiel. Hier ist es Ernst mit der Zeit. Hier wird zugegeben, daß sie vergeht, von einem Wort zum andern. Hier wird zugegeben, daß dies Ihre Zeit ist. Hier können Sie die Zeit von Ihren Uhren ablesen. Hier herrscht keine andere Zeit. Hier ist die Zeit Herrscherin, die nach Ihrem Atem gemessen wird. Hier richtet sich die Zeit nach Ihnen. Wir messen die Zeit nach Ihren Atemzügen, nach Ihrem Wimpernzucken, nach Ihren Pulsschlägen, nach Ihrem Zellenwachstum. Hier vergeht die Zeit von Augenblick zu Augenblick. Die Zeit wird nach Augenblicken gemessen. Die Zeit wird nach Ihren Augenblicken gemessen. Die Zeit geht durch Ihren Magen. Hier ist die Zeit nicht wiederholbar wie im Lokalaugenschein der Theatervorstellung. Das ist keine Vorstellung: Sie brauchen sich nichts vorzustellen. Hier ist die Zeit kein Strick mit zwei Enden. Hier ist die Zeit nicht von der Außenwelt abgeschnitten. Hier gibt es nicht zwei Ebenen der Zeit. Hier gibt es keine zwei Welten. Während wir hier sind, dreht sich die Erde. Unsere Zeit hier oben ist Ihre Zeit dort unten. Sie vergeht von einem Wort zum andern. Sie vergeht, während wir, wir und Sie, atmen, während unsere Haare wachsen, während wir Schweiß absondern, während wir riechen, während wir hören. Sie ist unwiederholbar, auch wenn wir unsere Worte wiederholen, auch wenn wir wieder davon sprechen, daß unsere Zeit die Ihre ist, daß sie von einem Wort zum andern vergeht, während wir, wir und Sie, atmen, während unsere Haare wachsen, während wir Schweiß absondern, während wir riechen, während wir hören. Wir können nichts wiederholen, die Zeit vergeht schon. Sie ist unwiederholbar. Jeder Augenblick ist historisch. Jeder Augenblick von Ihnen ist ein historischer Augenblick. Wir können unsere Worte nicht zweimal sagen. Das ist kein Lokalaugenschein. Wir können nicht noch einmal das gleiche tun. Wir können nicht die gleichen Gesten wiederholen. Wir können nicht das gleiche reden. Die Zeit vergeht uns auf den Lippen. Die Zeit ist unwiederholbar. Die Zeit ist kein Strick. Das ist kein Lokalaugenschein. Das Vergangene wird nicht vergegenwärtigt. Die Vergangenheit ist tot und begraben. Wir brauchen keine Puppen, die die tote Zeit verkörpern. Das ist kein Puppenspiel. Das ist kein Unernst. Das ist kein Spiel. Das ist kein Ernst. Sie erkennen den Widerspruch. Die Zeit dient hier zum Wortspiel.

Das ist kein Manöver. Das ist keine Übung für den Ernstfall. Niemand braucht sich hier tot zu stellen. Niemand braucht sich hier lebendig zu stellen. Hier ist nichts gestellt. Die Zahl der Verwundeten ist nicht vorgeschrieben. Das Ergebnis steht nicht auf dem Papier fest. Hier gibt es kein Ergebnis. Niemand braucht sich hier zu stellen. Wir stellen nichts anderes dar als wir sind. Wir stellen an uns keinen anderen Zustand dar als den, in dem wir uns jetzt und hier befinden. Das ist kein Manöver. Wir spielen nicht uns selber in anderen Lagen. Es ist an keinen Ernstfall gedacht. Wir brauchen nicht unseren Tod darzustellen. Wir brauchen nicht unser Leben darzustellen. Wir spielen nicht im voraus, was und wie wir sein werden. Wir vergegenwärtigen im Spiel keine Zukunft. Wir stellen keine andere Zeit dar. Wir spielen keinen Ernstfall. Wir sprechen, während die Zeit vergeht. Wir sprechen davon, daß die Zeit vergeht. Wir sprechen vom Vergehen der Zeit. Wir tun nicht so als ob. Wir tun weder so, als ob wir die Zeit wiederholen, noch so, als ob wir die Zeit vorwegnehmen könnten. Das ist weder ein Lokalaugenschein noch ein Manöver. Andrerseits tun wir als ob. Wir tun, als ob wir

Worte wiederholen könnten. Wir wiederholen uns scheinbar. Hier ist die Welt des Scheins. Hier ist Schein Schein. Schein ist hier Schein.

Sie stellen etwas dar. Sie sind jemand. Hier sind Sie etwas. Hier sind Sie nicht jemand, sondern etwas. Sie sind eine Gesellschaft, die eine Ordnung bildet. Sie sind eine Theatergesellschaft. Sie sind eine Ordnung durch die Beschaffenheit Ihrer Kleidung, durch die Haltung Ihrer Körper, durch die Richtung Ihrer Blicke. Die Farben Ihrer Kleidung schlagen sich nicht mit den Farben Ihrer Sitzgelegenheiten. Sie bilden auch eine Ordnung mit den Sitzgelegenheiten. Sie sind hier verkleidet. Sie beachten durch Ihre Kleidung eine Ordnung. Sie verkleiden sich. Indem Sie sich verkleiden, zeigen Sie, daß Sie etwas tun, was nicht alltäglich ist. Sie betreiben einen Mummenschanz, um einem Mummenschanz beizuwohnen. Sie wohnen bei. Sie schauen. Sie starren. Indem Sie schauen, erstarren Sie. Die Sitzgelegenheiten begünstigen diesen Vorgang. Sie sind etwas, das schaut. Sie brauchen Platz für Ihre Augen. Ist der Vorhang zu, bekommen Sie allmählich Platzangst. Sie haben keinen Blickpunkt. Sie fühlen sich eingekreist. Sie fühlen sich befangen. Das Aufgehen des Vorhangs vertreibt nur die Platzangst. Deshalb erleichtert es Sie. Sie können schauen. Ihr Blick wird frei. Sie werden unbefangen. Sie können beiwohnen. Sie sind nicht mitten drin wie beim geschlossenen Vorhang. Sie sind nicht mehr jemand. Sie werden etwas. Sie sind nicht mehr mit sich allein. Sie sind nicht mehr sich selber überlassen. Sie sind nur noch dabei. Sie sind ein Publikum. Das erleichtert Sie. Sie können beiwohnen.

Hier oben gibt es jetzt keine Ordnung. Es gibt keine Dinge,

die Ihnen eine Ordnung zeigen. Die Welt ist hier weder heil noch aus den Fugen. Das ist keine Welt. Die Requisiten haben hier keinen Platz. Ihre Stellung auf der Bühne ist nicht vorgezeichnet. Weil sie nicht vorgezeichnet ist, gibt es hier oben jetzt keine Ordnung. Es gibt keine Kreidezeichen für den Standpunkt der Dinge. Es gibt keine Gedächtnisstützen für den Standpunkt der Personen. Im Gegensatz zu Ihnen und Ihren Sitzgelegenheiten ist hier nichts an seinem Ort. Die Dinge haben hier keine Orte, die festgesetzt sind wie die Orte Ihrer Sitzgelegenheiten dort unten. Diese Bühne ist keine Welt, so wie die Welt keine Bühne ist.

Hier hat auch nicht jedes Ding seine Zeit. Kein Ding hat hier seine Zeit. Hier hat kein Ding seine festgesetzte Zeit, zu der es als Requisit dient oder zu der es im Weg stehen muß. Hier werden die Dinge nicht benutzt. Hier wird nicht so getan, als ob die Gegenstände benutzt würden. Hier s i n d die Gegenstände nützlich.

Sie stehen nicht. Sie benützen die Sitzgelegenheiten. Sie sitzen. Da Ihre Sitzgelegenheiten ein Muster bilden, bilden auch Sie ein Muster. Es gibt keine Stehplätze. Der Kunstgenuß ist für Leute, die sitzen, wirksamer als für Leute, die stehen. Deshalb sitzen Sie. Sie sind freundlicher, wenn Sie sitzen. Sie sind empfänglicher. Sie sind aufgeschlossener. Sie sind duldsamer. Sie sind im Sitzen gelassener. Sie sind demokratischer. Sie langweilen sich weniger. Die Zeit wird Ihnen weniger lang. Sie lassen mehr mit sich geschehen. Sie sind hellsichtiger. Sie werden weniger abgelenkt. Sie vergessen eher Ihre Umwelt. Die Welt versinkt eher um Sie. Sie werden einander ähnlicher. Sie verlieren Ihre Eigenschaften. Sie verlieren die Merkmale, die Sie voneinander unterscheiden. Sie werden eine Einheit. Sie werden ein Muster. Sie werden eins. Sie verlieren Ihr Selbstbewußtsein. Sie werden Zuschauer. Sie werden Zuhörer. Sie werden apathisch. Sie werden Augen und Ohren. Sie vergessen auf die Uhr zu schauen. Sie vergessen sich.

Im Stehen könnten Sie besser als Zwischenrufer wirken. Gemäß der Anatomie des Körpers könnten Ihre Zwischenrufe im Stehen kräftiger sein. Sie könnten besser die Fäuste ballen. Sie könnten Ihren Widerspruchsgeist zeigen. Sie hätten größere Bewegungsfreiheit. Sie müßten weniger gesittet sein. Sie könnten von einem Bein auf das andere treten. Sie könnten sich Ihres Körpers eher bewußt werden. Ihr Kunstgenuß würde geschmälert werden. Sie würden kein Muster mehr bilden. Sie würden Ihre Starre verlieren. Sie würden Ihre Geometrie verlieren. Sie würden mehr die Ausdünstungen der Körper neben Ihnen riechen. Sie könnten mehr durch Anstoßen Ihre übereinstimmenden Meinungen zeigen. Im Stehen würde nicht die Trägheit der Körper Sie vom Gehen abhalten. Im Stehen wären Sie individueller. Sie wären standhafter gegen das Theater. Sie würden sich weniger Illusionen machen. Sie würden sich mehr Illusionen machen. Sie würden mehr unter der Gedankenflucht leiden. Sie wären mehr außenstehend. Sie könnten sich mehr sich selber überlassen. Sie könnten sich weniger gut dargestellte Vorgänge als wirklich vorstellen. Die Vorgänge hier wären Ihnen weniger wirklichkeitsnah. Im Stehen könnten Sie sich zum Beispiel weniger gut ein auf der Bühne dargestelltes Sterben als wirklich vorstellen. Sie wären weniger starr. Sie ließen sich weniger bannen. Sie ließen sich weniger vormachen. Sie würden sich mit Ihrer Eigenschaft als bloßer Zuschauer nicht abfinden. Sie könnten zwiespältiger sein. Sie könnten mit Ihren Gedanken an zwei Orten zugleich sein. Sie könnten in zwei Zeiträumen leben.

Wir wollen Sie nicht anstecken. Wir wollen Sie zu keiner Kundgebung von Gefühlen anstecken. Wir spielen keine Gefühle. Wir verkörpern keine Gefühle. Wir lachen nicht, wir weinen nicht. Wir wollen Sie nicht durch das Lachen zum Lachen anstecken oder durch das Lachen zum Weinen oder durch das Weinen zum Lachen oder durch das Weinen zum Weinen. Obwohl das Lachen ansteckender ist als das Weinen, stecken wir Sie nicht durch das Lachen zum Lachen an. Undsoweiter. Wir spielen nicht. Wir spielen nichts. Wir modulieren nicht. Wir gestikulieren nicht. Wir äußern uns durch nichts als durch Worte. Wir sprechen nur. Wir äußern. Wir äußern nicht uns, sondern die Meinung des Autors. Wir äußern uns, indem wir sprechen. Unser Sprechen ist unser Handeln. Indem wir sprechen, werden wir theatralisch. Wir sind theatralisch, weil wir in einem Theater sprechen. Indem wir immer zu Ihnen sprechen und indem wir zu Ihnen von der Zeit sprechen, von jetzt und von jetzt und von jetzt, beachten wir die Einheit von Zeit, Ort und Handlung. Diese Einheit aber beachten wir nicht nur hier auf der Bühne. Da die Bühne keine eigene Welt ist, beachten wir sie auch unten bei Ihnen. Wir und Sie bilden eine Einheit, indem wir ununterbrochen und unmittelbar zu Ihnen sprechen. Statt Sie könnten wir also unter bestimmten Voraussetzungen auch wir sagen. Das bedeutet die Einheit der Handlung. Die Bühne hier oben und der Zuschauerraum bilden eine Einheit, indem sie nicht mehr zwei Ebenen bilden. Es gibt keinen Strahlungsgürtel. Es gibt hier nicht zwei Orte. Hier gibt es nur einen Ort. Das bedeutet die Einheit des Ortes. Ihre Zeit, die Zeit der Zuschauer und Zuhörer, und unsere Zeit, die Zeit der Sprecher, bilden eine Einheit, indem hier keine andere Zeit als die Ihre abläuft. Hier gibt es nicht die Zweiteilung in eine gespielte Zeit und in eine Spielzeit. Hier wird die Zeit nicht gespielt. Hier gibt es nur die wirkliche Zeit. Hier gibt es nur die Zeit, die wir, wir und Sie, am eigenen Leibe erfahren. Hier gibt es nur e i n e Zeit. Das bedeutet die Einheit der Zeit. Alle drei erwähnten Umstände zusammen bedeuten die Einheit von Zeit, Ort und Handlung. Dieses Stück ist also klassisch.

Dadurch, daß wir zu Ihnen sprechen, können Sie sich Ihrer bewußt werden. Weil wir Sie ansprechen, gewinnen Sie an Selbstbewußtsein. Sie werden sich bewußt, daß Sie sitzen. Sie werden sich bewußt, daß Sie in einem Theater sitzen. Sie werden sich Ihrer Gliedmaßen bewußt. Sie werden sich der Lage Ihrer Gliedmaßen bewußt. Sie werden sich Ihrer Finger bewußt. Sie werden sich Ihrer Zungen bewußt. Sie werden sich Ihres Rachens bewußt. Sie werden sich der Schwere Ihres Kopfes bewußt. Sie werden sich Ihrer Geschlechtsorgane bewußt. Sie werden sich des Zuckens Ihrer Augenlider bewußt. Sie werden sich Ihrer Schluckbewegungen bewußt. Sie werden sich des Rinnens Ihres Speichels bewußt. Sie werden sich Ihres Herzschlags bewußt. Sie werden sich des Hebens Ihrer Augenbrauen bewußt. Sie werden sich des Kribbelns Ihrer Kopfhaut bewußt. Sie werden sich Ihrer Juckreize bewußt. Sie werden sich Ihrer Schweißausbrüche unter den Achseln bewußt. Sie werden sich des Schwitzens Ihrer Hände bewußt. Sie werden sich der Trockenheit Ihrer Hände bewußt. Sie werden sich des durch Mund und Nase aus- und eingehenden Atems bewußt. Sie werden sich des Eintritts unserer Worte in die Ohren bewußt. Sie werden geistesgegenwärtig.

Versuchen Sie, nicht mit den Wimpern zu zucken. Versuchen Sie, nicht mehr zu schlucken. Versuchen Sie, die Zunge nicht mehr zu bewegen. Versuchen Sie, nichts mehr zu hören. Versuchen Sie, nichts mehr zu riechen. Versuchen Sie, keinen Speichel mehr zu sammeln. Versuchen Sie, nicht mehr zu schwitzen. Versuchen Sie, sich auf Ihrem Platz nicht mehr zu bewegen. Versuchen Sie, nicht mehr zu atmen.

Sie atmen ja. Sie sammeln ja Speichel. Sie hören ja zu. Sie riechen ja. Sie schlucken ja. Sie zucken ja mit den Wimpern. Sie stoßen ja auf. Sie schwitzen ja. Sie haben ja ein großes Selbstbewußtsein.

Blinzeln Sie nicht. Sammeln Sie keinen Speichel. Zucken Sie nicht mit den Wimpern. Ziehen Sie nicht den Atem ein. Stoßen Sie nicht den Atem aus. Bewegen Sie sich nicht mehr auf Ihrem Platz. Hören Sie uns nicht zu. Riechen Sie nicht. Schlucken Sie nicht. Halten Sie den Atem an.

Schlucken Sie. Sammeln Sie Speichel. Blinzeln Sie. Hören Sie. Atmen Sie.

Sie sind sich jetzt Ihrer Gegenwart bewußt. Sie wissen, daß es I h r e Zeit ist, die Sie hier verbringen. S i e sind das Thema. Sie schürzen den Knoten. Sie lösen den Knoten. Sie sind der Mittelpunkt. Sie sind die Anlässe. Sie sind die Ursachen. Sie sind das auslösende Moment. Sie dienen hier zu Worten. Sie sind die Spielmacher und die Gegenspieler. Sie sind die jugendlichen Komiker, Sie sind die jugendlichen Liebhaber, Sie sind die Naiven, Sie sind die Sentimentalen. Sie sind die Salondamen. Sie sind die Charakterdarsteller, Sie sind die Bonvivants und die Helden. Sie sind die Helden und Bösewichte. Sie sind die Bösewichte und Helden dieses Stücks.

Bevor Sie hierhergegangen sind, haben Sie die gewissen Vorkehrungen getroffen. Sie sind mit gewissen Vorstellungen hierhergekommen. Sie sind ins Theater gegangen. Sie haben sich darauf vorbereitet, ins Theater zu gehen. Sie haben gewisse Erwartungen gehabt. Sie sind mit den Gedanken der Zeit vorausgeeilt. Sie haben sich etwas vorgestellt. Sie haben sich auf etwas eingerichtet. Sie haben sich darauf eingerichtet, bei etwas dabeizusein. Sie haben sich darauf eingerichtet, Platz zu nehmen, auf dem gemieteten Platz zu sitzen und etwas beizuwohnen. Sie haben vielleicht von dem Stück hier gehört. Sie haben also Vorkehrungen getroffen und sich auf etwas gefaßt gemacht. Sie haben die Dinge auf sich zukommen lassen. Sie sind bereit gewesen zu sitzen und sich etwas bieten zu lassen.

Ihr Atem ist noch verschieden von dem unsern gewesen. Sie haben auf verschiedene Arten Ihre Toilette gemacht. Sie haben sich auf verschiedene Arten in Bewegung gesetzt. Sie haben sich aus verschiedenen Richtungen diesem Ort hier genähert. Sie haben die öffentlichen Verkehrsmittel benutzt. Sie sind zu Fuß gegangen. Sie sind mit dem eigenen Verkehrsmittel gefahren. Zuvor hatten Sie auf Uhren geschaut. Sie hatten Anrufe erwartet, Sie hatten Hörer abgehoben, Sie hatten Lichter angedreht, Sie hatten Lichter abgedreht, Sie hatten Türen geschlossen, Sie hatten Schlüssel gedreht, Sie waren ins Freie getreten. Sie haben die Beine bewegt. Sie haben die Arme beim Gehen auf und ab fallen lassen. Sie sind gegangen. Sie sind aus verschiedenen Richtungen alle in eine Richtung gegangen. Mit Ihrem Ortsinn haben Sie hierhergefunden.

Sie haben sich durch Ihre Absicht von anderen unterschieden, die nach anderen Orten unterwegs waren. Sie haben sich durch Ihre Absicht von anderen unterschieden, die nach anderen Orten unterwegs waren. Sie haben schon durch Ihre Absicht mit den andern, die hierher unterwegs waren, eine Einheit gebildet. Sie haben das gleiche Ziel gehabt. Sie haben für eine bestimmte Zeit eine gemeinsame Zukunft mit andern vor sich gehabt.

Sie haben Verkehrslinien überquert. Sie haben nach links und nach rechts geschaut. Sie haben die Verkehrszeichen beachtet. Sie haben anderen zugenickt. Sie sind stehengeblieben. Sie haben Auskünfte über Ihr Ziel gegeben. Sie haben von Ihrer Erwartung erzählt. Sie haben Ihre Vermutungen über das Stück mitgeteilt. Sie haben Ihre Meinung über das Stück gesagt. Sie haben sich Meinungen über das Stück sagen lassen. Sie haben Hände geschüttelt. Sie haben sich Vergnügen wünschen lassen. Sie haben Schuhe abgestreift. Sie haben Türen aufgehalten. Sie haben sich Türen aufhalten lassen. Sie haben andere Theaterbesucher getroffen. Sie haben sich als Mitwisser gefühlt. Sie haben Höflichkeitsregeln beachtet. Sie haben aus dem Mantel geholfen. Sie haben sich aus dem Mantel helfen lassen. Sie sind herumgestanden. Sie sind herumgegangen. Sie haben die Klingelsignale gehört. Sie sind unruhig geworden. Sie haben sich in Spiegeln gesehen. Sie haben Ihre Toiletten überprüft. Sie haben Seitenblicke geworfen. Sie haben Seitenblicke gemerkt. Sie sind gegangen. Sie sind geschritten. Ihre Bewegungen sind formeller geworden. Sie haben die Klingelsignale gehört. Sie haben auf Uhren geschaut. Sie sind Verschwörer geworden. Sie haben Platz genommen. Sie haben um sich geschaut. Sie haben sich zurechtgesetzt. Sie haben die Klingelsignale gehört. Sie haben zu plaudern aufgehört. Sie haben die Blicke ausgerichtet. Sie haben die Gesichter gehoben. Sie haben Atem geholt. Sie haben das Licht schwinden sehen. Sie sind verstummt. Sie haben das Schließen der Türen gehört. Sie haben auf den Vorhang gestarrt. Sie haben gewartet. Sie sind starr geworden. Sie haben sich nicht mehr bewegt. Dafür hat sich der Vorhang zu bewegen begonnen. Sie haben das Schleifen des Vorhangs gehört. Er hat Ihrem Blick die Bühne frei gegeben. Alles ist wie immer gewesen. Ihre Erwartungen sind nicht enttäuscht worden. Sie sind bereit gewesen. Sie haben sich in Ihren Sitzen zurückgelehnt. Das Spiel hat beginnen können.

Sie waren auch sonst bereit. Sie waren eingespielt. Sie lehnten sich in Ihren Sitzen zurück. Sie nahmen wahr. Sie folgten. Sie verfolgten. Sie ließen geschehen. Sie ließen hier oben etwas geschehen, was längst schon geschehen war. Sie schauten der Vergangenheit zu, die in Dialogen und Monologen eine Gegenwart vortäuschte. Sie ließen sich vor vollendete Tatsachen stellen. Sie ließen sich gefangennehmen. Sie ließen sich bannen. Sie vergaßen, wo Sie waren. Sie vergaßen die Zeit. Sie wurden starr und Sie blieben starr. Sie bewegten sich nicht. Sie handelten nicht. Sie kamen nicht einmal nach vorne, um besser zu sehen. Sie folgten keinem natürlichen Antrieb. Sie schauten zu, wie Sie einem Lichtstrahl zuschauen, der schon längst, bevor Sie schauen, erzeugt worden ist. Sie schauten in einen toten Raum. Sie schauten auf tote Punkte. Sie erlebten eine tote Zeit. Sie hörten eine tote Sprache. Sie befanden sich selber in einem toten Raum und in einer toten Zeit. Es herrschte Windstille. Kein Lüftchen regte sich. Sie bewegten sich nicht. Sie starrten. Die Strecke zwischen Ihnen und uns war unendlich. Wir waren unendlich von Ihnen entfernt. Wir bewegten uns in unendlicher Ferne von Ihnen. Wir hatten unendlich vor Ihnen gelebt. Wir lebten hier oben auf der Bühne vor jeder Zeit. Ihre Blicke und unsere Blicke trafen sich im Unendlichen. Ein unendlicher Zwischenraum war zwischen uns. Wir spielten. Aber wir spielten nicht mit Ihnen. Sie sind hier immer die Nachwelt gewesen.

Hier wurde gespielt. Hier wurde Sinn gespielt. Hier wurde Unsinn mit Bedeutung gespielt. Die Spiele hier hatten einen Hintergrund und einen Untergrund. Sie waren doppelbödig. Sie waren nicht das, was sie waren. Sie waren nicht das, was sie schienen. Es war bei ihnen etwas dahinter. Die Dinge und Handlungen schienen zu sein, aber sie waren nicht. Sie schienen so zu sein, wie sie schienen, aber sie waren anders. Sie schienen nicht zu scheinen wie in einem reinen Spiel, sie schienen zu sein. Sie schienen Wirklichkeit zu sein. Die Spiele hier waren nicht Zeitvertreib, oder sie waren nicht Zeitvertreib allein. Sie waren Bedeutung. Sie waren nicht zeitlos wie die reinen Spiele, in ihnen verging eine unwirkliche Zeit. Die offensichtliche Bedeutungslosigkeit mancher Spiele machte gerade ihre versteckte Bedeutung aus. Selbst die Späße der Spaßmacher hatten auf diesen Brettern eine tiefere Bedeutung. Immer gab es einen Hinterhalt. Immer lauerte etwas zwischen Worten, Gesten und Requisiten und wollte Ihnen etwas bedeuten. Immer war etwas zweideutig und mehrdeutig. Immer ging etwas vor sich. Es geschah etwas im Spiel, was von Ihnen als wirklich gedacht werden sollte. Immer geschahen Geschichten. Eine gespielte und unwirkliche Zeit ging vor sich. Das, was Sie sahen und hörten, sollte nicht nur das sein, was Sie sahen und hörten. Es sollte das sein, was Sie nicht sahen und nicht hörten. Alles war gemeint. Alles sagte aus. Auch was vorgab, nichts auszusagen, sagte aus, weil etwas, das auf dem Theater vor sich geht, etwas aussagt. Alles Gespielte sagte etwas Wirkliches aus. Es wurde nicht um des Spiels, sondern um der Wirklichkeit willen gespielt. Sie sollten hinter dem Spiel eine gespielte Wirklichkeit entdecken. Sie sollten etwas heraushören. Nicht ein Spiel wurde gespielt, eine Wirklichkeit wurde gespielt. Die Zeit wurde gespielt. Da die Zeit gespielt wurde, wurde die Wirklichkeit gespielt. Das Theater spielte Tribunal. Das Theater spielte Arena. Das Theater spielte moralische Anstalt. Das Theater spielte Träume. Das Theater spielte kultische Handlungen. Das Theater spielte einen Spiegel für Sie. Das Spiel ging über das Spiel hinaus. Es deutete auf die Wirklichkeit. Es wurde unrein. Es bedeutete. Statt daß die Zeit aus dem Spiel geblieben wäre, spielte sich eine unwirkliche und unwirksame Zeit ab. Mit der unwirklichen Zeit spielte sich eine unwirkliche Wirklichkeit ab. Sie war nicht da, sie wurde Ihnen nur bedeutet, sie spielte sich ab. Hier geschah weder Wirklichkeit noch Spiel. Wäre ein reines Spiel gespielt worden, so hätte man die Zeit außer acht lassen können. In einem reinen Spiel gibt es keine Zeit. Da aber eine Wirklichkeit gespielt wurde, wurde auch die zugehörige Zeit nur gespielt. Wäre hier ein reines Spiel gespielt worden, so hätte es hier nur die Zeit der Zuschauer gegeben. Da hier aber die Wirklichkeit im Spiel war, gab es hier immer zwei Zeiten, Ihre Zeit, die Zeit der Zuschauer, und die gespielte Zeit, die scheinbar die wirkliche war. Aber die Zeit läßt sich nicht spielen. Sie läßt sich in keinem Spiel wiederholen. Die Zeit ist unwiederbringlich. Die Zeit ist unwiderstehlich. Die Zeit ist unspielbar. Die Zeit *ist* wirklich. Sie kann nicht als wirklich *gespielt* werden. Da die Zeit nicht gespielt werden kann, kann auch die Wirklichkeit nicht gespielt werden. Nur ein

Spiel, in dem die Zeit aus dem Spiel ist, ist ein Spiel. Ein Spiel, in dem die Zeit mitspielt, ist kein Spiel. Nur ein zeitloses Spiel ist ohne Bedeutung. Nur ein zeitloses Spiel ist selbstgenügsam. Nur ein zeitloses Spiel braucht die Zeit nicht zu spielen. Nur für ein zeitloses Spiel ist die Zeit ohne Bedeutung. Alle anderen Spiele sind unreine Spiele. Es gibt nur Spiele, in denen es keine Zeit gibt, oder Spiele, in denen die Zeit die wirkliche Zeit ist wie die neunzig Minuten in einem Fußballspiel, bei dem es gleichfalls nur eine Zeit gibt, weil die Zeit der Spieler auch die Zeit der Zuschauer ist. Alle anderen Spiele sind Falschspiele. Alle anderen Spiele spiegeln Ihnen falsche Tatsachen vor. In einem zeitlosen Spiel spiegeln sich keine Tatsachen.

Wir könnten Ihnen ein Zwischenspiel bringen. Wir könnten Ihnen Vorgänge vormachen, die außerhalb dieses Raums in diesen Augenblicken, während dieser Worte, während Ihres Schluckens, während Ihres Wimpernzuckens geschehen. Wir könnten die Statistik bebildern. Wir könnten darstellen, was nach der Statistik an anderen Orten geschieht zu der Zeit, da Sie hier sind. Wir könnten, indem wir sie darstellten, Ihnen diese Vorgänge vergegenwärtigen. Wir könnten sie Ihnen näherbringen. Wir brauchten nichts Vergangenes darzustellen. Wir könnten ein reines Spiel spielen. Wir könnten zum Beispiel irgendeinen nach der Statistik jetzt und jetzt geschehenden Vorgang des Sterbens darstellen. Wir könnten pathetisch werden. Wir könnten den Tod zum Pathos der Zeit erklären, von der wir immerzu sprechen. Der Tod wäre das Pathos dieser wirklichen Zeit, die Sie hierorts versitzen. Zumindest würde dieses Zwischenspiel dem Stück zu einem dramatischen Höhepunkt verhelfen.

Wir machen Ihnen aber nichts vor. Wir machen nichts nach. Wir stellen keine anderen Personen und keine anderen Vorgänge dar, auch wenn sie statistisch erwiesen sind. Wir verzichten auf ein Mienenspiel und auf ein Spiel der Gebärden. Es gibt keine Personen der Handlung und also keine Darsteller. Die Handlung ist nicht frei erfunden, denn es gibt keine Handlung. Weil es keine Handlung gibt, ist auch kein Zufall möglich. Eine Ähnlichkeit mit noch lebenden oder gerade sterbenden oder schon toten Personen ist nicht zufällig, sondern unmöglich. Denn wir stellen nichts dar und wir sind nicht andere als die, die wir sind. Wir spielen nicht einmal uns selber. Wir sprechen. Nichts ist hier erfunden. Nichts ist nachgemacht. Nichts ist Tatsache. Nichts ist Ihrer Phantasie überlassen.

Dadurch, daß wir nicht spielen und nicht spielend handeln, ist dieses Stück halb so komisch und halb so tragisch. Dadurch, daß wir nur sprechen und nicht aus der Zeit herausfallen, können wir Ihnen nichts ausmalen und nichts vorführen. Wir bebildern nichts. Wir beschwören nichts aus der Vergangenheit herauf. Wir setzen uns mit der Vergangenheit nicht auseinander. Wir setzen uns nicht mit der Gegenwart auseinander. Wir nehmen nicht die Zukunft vorweg. Wir sprechen in Gegenwart, Vergangenheit und Zukunft von der Zeit.

Deshalb können wir auch zum Beispiel auch nicht das jetzt und jetzt nach der Statistik geschehende Sterben darstellen. Wir können nicht das jetzt und jetzt geschehende Atemringen vormachen, nicht das Taumeln und Stürzen jetzt, nicht die Verkrampfung, nicht das Blecken der Zähne jetzt, nicht die letzten Worte, nicht das Seufzen jetzt, das statistisch in dieser und in dieser Sekunde geschieht, nicht das letzte Ausatmen, nicht den jetzt und jetzt geschehenden letzten Samenerguß, nicht die Atemlosigkeit, die nach der Statistik jetzt, jetzt eintritt, und jetzt, und jetzt, und jetzt, undsofort, nicht die Bewegungslosigkeit jetzt, nicht die statistisch erfaßbare Starre, nicht das ganz stille Liegen jetzt. Wir können es nicht darstellen. Wir sprechen nur davon. Wir sprechen j e t z t davon.

Dadurch, daß wir nur sprechen und dadurch, daß wir von nichts Erfundenem sprechen, können wir nicht zweideutig und vieldeutig sein. Dadurch, daß wir nichts spielen, kann es hier nicht zwei oder mehrere Ebenen und auch kein Spiel im Spiel geben. Dadurch, daß wir uns nicht gebärden und Ihnen nichts erzählen und nichts darstellen, können wir nicht poetisch sein. Dadurch, daß wir nur zu Ihnen sprechen, verlieren wir die Poesie der Vieldeutigkeit. Wir können zum Beispiel mit den erwähnten Gesten und Mienen des Sterbens nicht auch zugleich die Gesten und Mienen eines statistisch jetzt und jetzt geschehenden Geschlechtsakts zeigen. Wir können nicht zweideutig sein. Wir können auf keinem doppelten Boden spielen. Wir können uns von der Welt nicht abheben. Wir b r a u c h e n nicht poetisch zu sein. Wir brauchen Sie nicht zu hypnotisieren. Wir brauchen Ihnen nichts vorzugaukeln. Wir brauchen nicht scheinzufechten. Wir brauchen keine zweite Natur. Das ist keine Hypnose. Sie brauchen sich nichts vorzustellen. Sie brauchen nicht mit offenen Augen zu träumen. Sie sind mit der Unlogik Ihrer Träume nicht auf die Logik der Bühne angewiesen. Die Unmöglichkeiten Ihrer Träume brauchen sich nicht auf die Möglichkeiten der Bühne zu beschränken. Die Absurdität Ihrer Träume braucht nicht den realen Gesetzen der Bühne zu gehorchen. Deshalb stellen wir weder Traum noch Wirklichkeit dar. Wir reklamieren weder für das Leben noch für das Sterben, weder für die Gesellschaft noch für den einzelnen, weder für das Natürliche noch für das Übernatürliche, weder für eine Lust noch für ein Leid, weder für die Wirklichkeit noch für das Spiel. Die Zeit ruft in uns keine Elegien hervor.

Dieses Stück ist eine Vorrede. Es ist nicht die Vorrede zu einem andern Stück, sondern die Vorrede zu dem, was Sie getan haben, was Sie tun und was Sie tun werden. Sie sind das Thema. Dieses Stück ist die Vorrede zum Thema. Es ist die Vorrede zu Ihren Sitten und Gebräuchen. Es ist die Vorrede zu Ihren Handlungen. Es ist die Vorrede zu Ihrer Tatenlosigkeit. Es ist die Vorrede zu Ihrem Liegen, zu Ihrem Sitzen, zu Ihrem Stehen, zu Ihrem Gehen. Es ist die Vorrede zu den Spielen und zum Ernst Ihres Lebens. Es ist auch die Vorrede zu Ihren künftigen Theaterbesuchen. Es ist auch die Vorrede zu allen anderen Vorreden. Dieses Stück ist Welttheater.
Sie werden sich bald bewegen. Sie werden Vorkehrungen treffen. Sie werden Vorkehrungen treffen, Beifall zu klatschen. Sie werden Vorkehrungen treffen, nicht Beifall zu klatschen. Wenn Sie Vorkehrungen zum ersten treffen, werden Sie eine Hand auf die andere schlagen, das heißt, Sie werden die eine Innenfläche auf die andere Innenfläche schlagen und diese Schläge in rascher Abfolge wiederholen. Sie werden dabei Ihren klatschenden oder nicht klatschenden Händen zuschauen können. Sie werden die Laute Ihres Klatschens hören und die Laute des Klatschens neben sich und Sie werden neben und vor sich die im Klatschen auf und ab hüpfenden Hände sehen oder Sie werden das erwartete Klatschen nicht hören und die auf und ab hüpfenden Hände nicht sehen. Sie werden dafür

vielleicht andere Laute hören und selber andere Laute erzeugen. Sie werden Anstalten treffen aufzustehen. Sie werden die Sitzflächen hinter sich aufklappen hören. Sie werden unsere Verbeugungen sehen. Sie werden den Vorhang zugehen sehen. Sie werden die Geräusche des Vorhangs bei diesem Vorgang benennen können. Sie werden Ihre Programme einstecken. Sie werden Blicke austauschen. Sie werden Worte wechseln. Sie werden sich in Bewegung setzen. Sie werden Bemerkungen machen und Bemerkungen hören. Sie werden Bemerkungen verschweigen. Sie werden vielsagend lächeln. Sie werden nichtssagend lächeln. Sie werden geordnet in die Vorräume drängen. Sie werden die Hinterlegungsscheine für Ihre Garderobe vorweisen. Sie werden herumstehen. Sie werden sich in Spiegeln sehen. Sie werden einander in Mäntel helfen. Sie werden einander Türen aufhalten. Sie werden sich verabschieden. Sie werden begleiten. Sie werden begleitet werden. Sie werden ins Freie treten. Sie werden in den Alltag zurückkehren. Sie werden in verschiedene Richtungen gehen. Wenn Sie zusammenbleiben, werden Sie eine Theatergesellschaft bilden. Sie werden Gaststätten aufsuchen. Sie werden an den morgigen Tag denken. Sie werden allmählich in die Wirklichkeit zurückfinden. Sie werden die Wirklichkeit wieder rauh nennen können. Sie werden ernüchtert werden. Sie werden wieder ein Eigenleben führen. Sie werden keine Einheit mehr sein. Sie werden von e i n e m Ort zu verschiedenen Orten gehen.

Zuvor aber werden Sie noch beschimpft werden.

Sie werden beschimpft werden, weil auch das Beschimpfen eine Art ist, mit Ihnen zu reden. Indem wir beschimpfen, können wir unmittelbar werden. Wir können einen Funken überspringen lassen. Wir können den Spielraum zerstören. Wir können eine Wand niederreißen. Wir können Sie beachten.

Dadurch, daß wir Sie beschimpfen, werden Sie uns nicht mehr zuhören, Sie werden uns *anhören*. Der Abstand zwischen uns wird nicht mehr unendlich sein. Dadurch, daß Sie beschimpft werden, wird Ihre Bewegungslosigkeit und Erstarrung endlich am Platz erscheinen. Wir werden aber nicht Sie beschimpfen, wir werden nun Schimpfwörter gebrauchen, die Sie gebrauchen. Wir werden uns in den Schimpfwörtern widersprechen. Wir werden niemanden meinen. Wir werden nur ein Klangbild bilden. Sie brauchen sich nicht betroffen zu fühlen. Weil Sie im voraus gewarnt sind, können Sie bei der Beschimpfung auch abgeklärt sein. Weil schon das Duwort eine Beschimpfung darstellt, werden wir von du zu du sprechen können. Ihr seid das Thema unserer Beschimpfung. Ihr werdet uns anhören, ihr Glotzaugen.

Ihr habt das Unmögliche möglich werden lassen. Ihr seid die Helden dieses Stücks gewesen. Eure Gesten sind sparsam gewesen. Ihr habt eure Figuren plastisch gemacht. Ihr habt unvergeßliche Szenen geliefert. Ihr habt die Figuren nicht gespielt, ihr seid sie *gewesen*. Ihr wart ein Ereignis. Ihr wart die Entdeckung des Abends. Ihr habt eure Rolle *gelebt*. Ihr hattet den Löwenanteil am Erfolg. Ihr habt das Stück gerettet. Ihr wart sehenswert. Euch muß man gesehen haben, ihr Rotzlecker.

Ihr seid immer dagewesen. Bei dem Stück hat auch euer redliches Bemühen nichts geholfen. Ihr wart nur Stichwortbringer. Bei euch ist das Größte durch Weglassen entstanden. Durch Schweigen habt ihr alles gesagt, ihr Gernegroße.

Ihr wart Vollblutschauspieler. Ihr begannet verheißungsvoll. Ihr wart lebensecht. Ihr wart wirklichkeitsnah. Ihr zoget alles in euren Bann. Ihr spieltet alles an die Wand. Ihr zeugtet von hoher Spielkultur, ihr Gauner, ihr Schrumpfgermanen, ihr Ohrfeigengesichter.

Kein falscher Ton kam von euren Lippen. Ihr beherrschtet jederzeit die Szene. Euer Spiel war von seltenem Adel. Eure Antlitze waren von seltenem Liebreiz. Ihr wart eine Bombenbesetzung. Ihr wart die Idealbesetzung. Ihr wart unnachahmlich. Eure Gesichter waren unvergeßlich. Eure Komik war zwerchfellerschütternd. Eure Tragik war von antiker Größe. Ihr habt aus dem vollen geschöpft, ihr Miesmacher, ihr Nichtsnutze, ihr willenlosen Werkzeuge, ihr Auswürfe der Gesellschaft.

Ihr wart wie aus einem Guß. Ihr hattet heute einen guten Tag. Ihr wart wunderbar aufeinander eingespielt. Ihr wart dem Leben abgelauscht, ihr Tröpfe, ihr Flegel, ihr Atheisten, ihr Liederjahne, ihr Strauchritter, ihr Saujuden.

Ihr habt uns ganz neue Perspektiven gezeigt. Ihr seid mit diesem Stück gut beraten gewesen. Ihr seid über euch hinausgewachsen. Ihr habt euch freigespielt. Ihr wart verinnerlicht, ihr Massenmenschen, ihr Totengräber der abendländischen Kultur, ihr Asozialen, ihr übertünchten Gräber, ihr Teufelsbrut, ihr Natterngezücht, ihr Genickschußspezialisten.

Ihr wart unbezahlbar. Ihr wart ein Orkan. Ihr habt uns den Schauder über den Rücken gejagt. Ihr habt alles weggefegt, ihr KZ-Banditen, ihr Strolche, ihr Stiernacken, ihr Kriegstreiber, ihr Untermenschen, ihr roten Horden, ihr Bestien in Menschengestalt, ihr Nazischweine.

Ihr wart die richtigen. Ihr wart atemberaubend. Ihr habt unsere Erwartungen nicht enttäuscht. Ihr wart die geborenen Schauspieler. Euch steckte die Freude am Spielen im Blut, ihr Schlächter, ihr Tollhäusler, ihr Mitläufer, ihr ewig Gestrigen, ihr Herdentiere, ihr Laffen, ihr Miststücke, ihr Volksfremden, ihr Gesinnungslumpen.

Ihr habt eine gute Atemtechnik bewiesen, ihr Maulhelden, ihr Hurrapatrioten, ihr jüdischen Großkapitalisten, ihr Fratzen, ihr Kasperl, ihr Proleten, ihr Milchgesichter, ihr Heckenschützen, ihr Versager, ihr Katzbuckler, ihr Leisetreter, ihr Nullen, ihr Dutzendwaren, ihr Tausendfüßler, ihr Überzähligen, ihr lebensunwerten Leben, ihr Geschmeiß, ihr Schießbudenfiguren, ihr indiskutablen Elemente.

Ihr seid profilierte Darsteller, ihr Maulaffenfeilhalter, ihr vaterlandslosen Gesellen, ihr Revoluzzer, ihr Rückständler, ihr Beschmutzer des eigenen Nests, ihr inneren Emigranten, ihr Defätisten, ihr Revisionisten, ihr Revanchisten, ihr Militaristen, ihr Pazifisten, ihr Faschisten, ihr Intellektualisten, ihr Nihilisten, ihr Individualisten, ihr Kollektivisten, ihr politisch Unmündigen, ihr Quertreiber, ihr Effekthascher, ihr Antidemokraten, ihr Selbstbezichtiger, ihr Applausbettler, ihr vorsintflutlichen Ungeheuer, ihr Claqueure, ihr Cliquenbildner, ihr Pöbel, ihr Schweinefraß, ihr Knicker, ihr Hungerleider, ihr Griesgräme, ihr Schleimscheißer, ihr geistiges Proletariat, ihr Protze, ihr Niemande, ihr Dingsda.

O ihr Krebskranken, o ihr Tbc-Spucker, o ihr multiplen Sklerotiker, o ihr Syphilitiker, o ihr Herzkranken, o ihr Lebergeschwellten, o ihr Wassersüchtigen, o ihr Schlagflußanfälligen, o ihr Todesursachenträger, o ihr Selbstmordkandidaten, o ihr potentiellen Friedenstoten, o ihr potentiellen Kriegstoten, o ihr potentiellen Unfallstoten, o ihr potentiellen Toten.

Ihr Kabinettstücke. Ihr Charakterdarsteller. Ihr Menschendarsteller. Ihr Welttheatraliker. Ihr Stillen im Land. Ihr Gottespülcher. Ihr Ewigkeitsfans. Ihr Gottesleugner. Ihr Volksausgaben. Ihr Abziehbilder. Ihr Meilensteine in der Geschichte des Theaters. Ihr schleichende Pest. Ihr unsterblichen Seelen. Ihr, die ihr nicht von dieser Welt seid. Ihr Weltoffenen. Ihr positiven Helden. Ihr Schwangerschaftsunterbrecher. Ihr negativen Helden. Ihr Helden des Alltags. Ihr Leuchten der Wissenschaft. Ihr vertrottelten Adeligen. Ihr verrottetes Bürgertum. Ihr gebildeten Klassen. Ihr Menschen unserer Zeit. Ihr Rufer in der Wüste. Ihr Heiligen der letzten Tage. Ihr Kinder dieser Welt. Ihr Jammergestalten. Ihr historischen Augenblicke. Ihr weltlichen und geistlichen Würdenträger. Ihr Habenichtse. Ihr Oberhäupter. Ihr Unternehmer. Ihr Eminenzen. Ihr Exzellenzen. Du Heiligkeit. Ihr Durchlauchten. Ihr Erlauchten. Ihr gekrönten Häupter. Ihr Krämerseelen. Ihr Ja-und-Nein-Sager. Ihr Neinsager. Ihr Baumeister der Zukunft. Ihr Garanten für eine bessere Welt. Ihr Unterweltler. Ihr Nimmersatt. Ihr Siebengescheiten. Ihr Neunmalklugen. Ihr Lebensbejaher. Ihr Damen und Herren ihr, ihr Persönlichkeiten des öffentlichen und kulturellen Lebens ihr, ihr Anwesenden ihr, ihr Brüder und Schwestern ihr, ihr Genossen ihr, ihr werten Zuhörer ihr, ihr Mitmenschen ihr.

Sie waren hier willkommen. Wir danken Ihnen. Gute Nacht.

Sofort fällt der Vorhang. Er bleibt jedoch nicht geschlossen, sondern geht ungeachtet des Verhaltens des Publikums sofort wieder auf. Die Sprecher stehen und blicken, ohne jemanden anzuschauen, ins Publikum. Durch Lautsprecher wird dem Publikum tosender Beifall geklatscht und wild gepfiffen; dazu könnten vielleicht Publikumsreaktionen auf ein Beatbandkonzert durch die Lautsprecher abgespielt werden. Das ohrenbetäubende Heulen und Johlen dauert an, bis das Publikum geht. Dann erst fällt endgültig der Vorhang.

Weissagung

Wo beginnen?
Alles kracht in den Fugen und schwankt.
Die Luft erzittert vor Vergleichen.
Kein Wort ist besser als das andre,
die Erde dröhnt von Metaphern . . .

Osip Mandelstam

Vier Sprecher (a, b, c, d)

a
Die Fliegen werden sterben wie die Fliegen.
b
Die läufigen Hunde werden schnüffeln wie läufige Hunde.
c
Das Schwein am Spieß wird schreien wie am Spieß.
d
Der Stier wird brüllen wie ein Stier.
a
Die Statuen werden stehen wie Statuen.
b
Die Hühner werden laufen wie die Hühner.
c
Der Verrückte wird rennen wie ein Verrückter.
d
Der Besessene wird heulen wie ein Besessener.
a
Der räudige Köter wird streunen wie ein räudiger Köter.
b
Der Aasgeier wird kreisen wie ein Aasgeier.
c
Das Espenlaub wird zittern wie Espenlaub.
d
Das Gras wird zittern wie das Gras.
ab
Das Kartenhaus wird einstürzen wie ein Kartenhaus.
ac
Die Bomben werden wie Bomben einschlagen.
ad
Die reifen Früchte werden wie reife Früchte von den Bäumen fallen.

bc
Der Tropfen auf dem heißen Stein wird versiegen wie ein Tropfen auf dem heißen Stein.
bd
Die Totgeweihten werden stehen wie die Totgeweihten.
abcd
Die gestochene Sau wird bluten wie eine gestochene Sau.
a
Der Durchschnittsbürger wird sich benehmen wie ein Durchschnittsbürger.
b
Der Schuft wird sich benehmen wie ein Schuft.
c
Der Ehrenmann wird sich benehmen wie ein Ehrenmann.
d
Der Opernheld wird sich benehmen wie ein Opernheld.
a
Das Stiefkind wird behandelt werden wie ein Stiefkind.
Der Wundertäter wird erwartet werden wie ein Wundertäter.
Das Wundertier wird bestaunt werden wie ein Wundertier.
Der Messias wird ersehnt werden wie der Messias.
Die Melkkuh wird ausgenutzt werden wie eine Melkkuh.
Die Aussätzigen werden gemieden werden wie die Aussätzigen.
Die Hölle wird gehaßt werden wie die Hölle.
Das Leichentuch wird ausgebreitet werden wie ein Leichentuch.
Der tollwütige Hund wieder niedergeschossen werden wie ein tollwütiger Hund.
b
Der Schelm wird plappern wie ein Schelm.
Der Papagei wird plappern wie ein Papagei.

Die Kellerasseln werden ans Licht krabbeln wie die Kellerasseln.
Der Schnee im Mai wird vergehen wie der Schnee im Mai.
Das Kind wird sich freuen wie ein Kind.
Das Wunder wird geschehen wie ein Wunder.
Die Wasserleiche wird quellen wie eine Wasserleiche.
Der Donnerschlag wird wirken wie ein Donnerschlag.
cd
Der Fuhrknecht wird fluchen wie ein Fuhrknecht.
Der Frosch wird hüpfen wie ein Frosch.
Der Blitz wird zucken wie ein Blitz.
Der Dieb wird fortschleichen wie ein Dieb.
Der Scheunendrescher wird essen wie ein Scheunendrescher.
Der Schulbub wird sich verstecken wie ein Schulbub.
Der Schlag ins Wasser wird wirken wie ein Schlag ins Wasser.
Der Schlag ins Gesicht wird wirken wie ein Schlag ins Gesicht.
Die Viper wird zustoßen wie eine Viper.
bcd
Die verwundeten Pferde werden sich bäumen wie verwundete Pferde.
Der Haftelmacher wird aufpassen wie ein Haftelmacher.
Der Schloßhund wird heulen wie ein Schloßhund.
Der Jude wird feilschen wie ein Jude.
Der Fisch wird an der Angel zappeln wie ein Fisch an der Angel.
Die offene Wunde wird brennen wie eine offene Wunde.
Die Jungfrau wird sich zieren wie eine Jungfrau.
Der Westmann wird gehen wie ein Westmann.
Der Matrose wird gehen wie ein Matrose.
Der Spanier wird gehen wie ein Spanier.
Gary Cooper wird gehen wie Gary Cooper.

Donald Duck wird gehen wie Donald Duck.

a

Der übergossene Pudel wird stehen wie ein übergossener Pudel.
Der arme Sünder wird stehen wie ein armer Sünder.
Die Kuh wird vor dem neuen Tor stehen wie die Kuh vor dem neuen Tor.
Der Hahn auf dem Mist wird stehen wie der Hahn auf dem Mist.

ab

Der gefällte Baum wird stürzen wie ein gefällter Baum.
Die Berserker werden kämpfen wie die Berserker.
Die Katze wird um den heißen Brei schleichen wie die Katze um den heißen Brei.
Die Hunde werden sich vor dem Gewitter verkriechen wie Hunde vor dem Gewitter.
Der brüllende Löwe wird umhergehen wie ein brüllender Löwe.
Das Lauffeuer wird um sich greifen wie ein Lauffeuer.

abc

Die Hyänen werden heulen wie die Hyänen.
Der Nachtwächter wird gähnen wie ein Nachtwächter.
Die Verschwörer werden munkeln wie Verschwörer.
Das Schilfrohr im Wind wird schwanken wie ein Schilfrohr im Wind.
Der Vogel Strauß wird den Kopf in den Sand stecken wie der Vogel Strauß.
Der Strohschneider wird zittern wie ein Strohschneider.
Die Ratte wird schlafen wie eine Ratte.
Der Hund wird verrecken wie ein Hund.

abcd

Die Faust wird wie die Faust aufs Auge passen.

a

Die Pest wird stinken wie die Pest.

b

Die Rose wird duften wie eine Rose.

c

Der Wespenschwarm wird surren wie ein Wespenschwarm.

d

Euer Schatten wird euch folgen wie ein Schatten.

a

Das Grab wird schweigen wie ein Grab.
Das Denkmal wird stehen wie ein Denkmal.

b

Ein Mann wird sich erheben wie ein Mann.
Der Fels wird in der Brandung stehen wie ein Fels in der Brandung.

c

Das Ungewitter wird nahen wie ein Ungewitter.
Die Ameisen werden kribbeln wie Ameisen.

d

Die Sturmflut wird schwellen wie eine Sturmflut.
Die aufgescheuchte Lämmerherde wird auseinanderstieben wie eine aufgescheuchte Lämmerherde.

a

Der Sand wird euch wie Sand durch die Finger rinnen.

b

Im Theater werdet ihr euch vorkommen wie im Theater.

c

Das Ei wird dem anderen gleichen wie ein Ei dem anderen.

abc

Aus einem Mund wird wie aus einem Mund ein Schrei brechen.

d
Die Orgelpfeifen werden stehen wie die Orgelpfeifen.
Die Posaunen des Jüngsten Gerichts werden erschallen wie die Posaunen des Jüngsten Gerichts.
Die Offenbarung wird wirken wie eine Offenbarung.
c
Der Maulwurf wird die Erde aufschütten wie ein Maulwurf.
b
Die Stimme aus einer andern Welt wird ertönen wie aus einer anderen Welt.
a
Die Lawine wird sich wälzen wie eine Lawine.
Die von allen guten Geistern Verlassenen werden sich benehmen wie von allen guten Geistern verlassen.
ab
Der Prophet wird Gesichte wie ein Prophet haben.
Die Engel werden wie mit Engelszungen reden.
Die Motte wird zum Licht schwirren wie die Motte zum Licht.
Das Scheunentor wird sich öffnen wie ein Scheunentor.
abc
Die Schuppen werden wie Schuppen von den Augen fallen.
Die Fremdkörper werden ausgespien werden wie Fremdkörper.
Die Ratten werden das sinkende Schiff verlassen wie die Ratten das sinkende Schiff.
Gott wird vor die Menschen treten wie ein Gott.
ab
Das Murmeltier wird schlafen wie ein Murmeltier.
a
Die Mauer wird stehen wie eine Mauer.

d
Die Ähren des Roggens werden wogen wie Roggenähren.
dc
Die Pilze nach dem Regen werden sprießen wie Pilze nach dem Regen.
dcb
Die Nußschale wird auf dem Wasser schaukeln wie eine Nußschale.
dcba
Die Zugvögel werden ziehen wie die Zugvögel.
Die auf den Wolken gehen, werden wie auf Wolken gehen.
Die aus den Wolken fallen, werden wie aus allen Wolken fallen.
Die im siebenten Himmel werden sich wie im siebenten Himmel fühlen.
d
Der von der Tarantel Gestochene wird aufspringen wie von einer Tarantel gestochen.
ad
Ebbe und Flut werden wechseln wie Ebbe und Flut.
Der Fisch im Wasser wird sich tummeln wie ein Fisch im Wasser.
Wasser und Feuer werden sich vertragen wie Wasser und Feuer.
Der Tag wird sich von der Nacht unterscheiden wie der Tag von der Nacht.
b
Gott wird in Frankreich leben wie Gott in Frankreich.
c
Der Traum wird euch wie ein Traum erscheinen.
b
Die Ewigkeit wird euch wie eine Ewigkeit erscheinen.

abcd
Aber die Fische im Meer werden zahllos sein wie die Fische im Meer.
Aber der Sand am Strand des Meeres wird zahllos sein wie der Sand am Strand des Meeres.
Aber die Sterne am Himmel werden zahllos sein wie die Sterne am Himmel.
Aber die Menschen auf der Erde werden zahllos sein wie die Menschen auf der Erde.
a
Und die Kaninchen werden sich vermehren wie die Kaninchen.
b
Und die Bakterien werden sich vermehren wie die Bakterien.
c
Und die Armen werden sich vermehren wie die Armen.
d
Und ein Mensch wie du und ich wird ein Mensch wie du und ich sein.

a
Das tägliche Brot wird notwendig wie das tägliche Brot sein.
b
Das Blut wird rot wie Blut sein.
c
Der Wind wird schnell wie der Wind sein.
d
Das Gift wird grün wie Gift sein.
a
Der Brei wird zäh wie Brei sein.
b
Der Tor wird sanft wie ein Tor sein.

c

Das Leben wird vielfältig wie das Leben sein.

d

Das Sieb wird löchrig wie ein Sieb sein.

a

Die letzten Dinge werden unsagbar wie die letzten Dinge sein.

b

Die Axtschneide wird scharf wie eine Axtschneide sein.

c

Das All wird unermeßlich wie das All sein.

d

Der Suppenkaspar wird dünn wie ein Suppenkaspar sein.

a

Das Faß wird dick wie ein Faß sein.

b

Der Nigger wird frech wie ein Nigger sein.

c

Der Vater wird dem Sohn wie ein Vater dem Sohn sein.

d

Der Rübenacker wird holprig wie ein Rübenacker sein.

a

Der Papst wird unfehlbar wie der Papst sein.

b

Der Roman wird phantastisch wie ein Roman sein.

c

Der Film wird unwirklich wie ein Film sein.

d

Die Nadel im Heu wird unauffindbar wie eine Nadel im Heu sein.

a

Die Nacht wird lautlos wie die Nacht sein.

b
Die Sünde wird schwarz wie die Sünde sein.
c
Die Seele wird unerschöpflich wie die Seele sein.
d
Die Zisterne wird tief wie eine Zisterne sein.
a
Der Schwamm wird vollgesogen wie ein Schwamm sein.
b
Der Dichter wird weltfremd wie ein Dichter sein.
c
Die andern werden ganz wie die andern sein.
d
Der Tod wird so gewiß wie der Tod sein.
a
Der folgende Tag wird so gewiß wie der folgende Tag sein.
b
Das Amen im Gebet wird so gewiß wie das Amen im Gebet sein.
c
Etwas wird so gewiß sein, wie nur etwas gewiß sein kann.
d
Der Pfau wird stolz wie ein Pfau sein.

abcd
Und die Umgewandelten werden sich wie umgewandelt fühlen.
Und die zu Salzsäulen Erstarrten werden stehen wie zu Salzsäulen erstarrt.
Und die vom Blitz Getroffenen werden fallen wie vom Blitz getroffen.
Und die Gebannten werden lauschen wie gebannt.
Und die Versteinerten werden stehen wie versteinert.

Und die Gerufenen werden kommen wie gerufen.
Und die Gelähmten werden stehen wie gelähmt.
Und die vom Donner Gerührten werden stehen wie vom Donner gerührt.
Und die Schlafenden werden gehen wie im Schlaf.
Und die Bestellten und nicht Abgeholten werden stehen wie bestellt und nicht abgeholt.
Und die Ausgewechselten werden sich fühlen wie ausgewechselt.
Und die Gespiegelten werden sich sehen wie gespiegelt.
Und die Neugeborenen werden sich fühlen wie neugeboren.
Und die Zerschlagenen werden sich fühlen wie zerschlagen.
Und die vom Erdboden Verschluckten werden wie vom Erdboden verschluckt sein.
a
Die Wirklichkeit wird Wirklichkeit werden.
b
Die Wahrheit wird Wahrheit werden.
ab
Das Eis wird zu Eis gefrieren.
abc
Die Berge werden zu Berge stehen.
abcd
Die Täler werden zu Tal stürzen.
abc
Die Nichtigkeiten werden zunichte werden.
ab
Die Asche wird zu Asche brennen.
b
Die Luft wird zu Luft werden.

a
Der Staub wird zu Staub werden.

d
Das Wiesel wird wieselflink sein.
        c
        Die Feder wird federleicht sein.
                b
                Die Galle wird gallenbitter sein.
                        a
                        Der Kalk wird kalkweiß sein.
                                d
                                Die Butter wird butterweich sein.
        c
        Der Gedanke wird gedankenschnell sein.
                b
                Das Haar wird haarfein sein.
                        a
                        Das Sterben wird sterbenslangweilig sein.
                                d
                                Die Toten werden totenblaß sein.
        c
        Den Sterbenden wird sterbensübel sein.
                b
                Der Rabe wird rabenschwarz sein.
                        a
                        Die Bretter werden brettereben sein.
                                d
                                Die Haut wird hautdünn sein.
        c
        Der Finger wird fingerdick sein.

b
Die Fäden werden fadenscheinig sein.
a
Der Stein wird steinhart sein.

abcd
Jeder Tag wird ein Tag sein wie jeder andere.

Selbstbezichtigung

Für Libgart

Dieses Stück ist ein Sprechstück für einen Sprecher und eine Sprecherin. Es gibt keine Rollen. Sprecherin und Sprecher, deren Stimmen aufeinander abgestimmt sind, wechseln einander ab oder sprechen gemeinsam, leise und laut, mit sehr harten Übergängen, so daß sich eine akustische Ordnung ergibt. Die Bühne ist leer. Die beiden Sprecher arbeiten mit Mikrofonen und Lautsprechern. Publikumsraum und Bühne sind immer hell. Der Vorhang wird nicht betätigt. Auch am Schluß des Stücks fällt kein Vorhang.

Ich bin auf die Welt gekommen.

Ich bin geworden. Ich bin gezeugt worden. Ich bin entstanden. Ich bin gewachsen. Ich bin geboren worden. Ich bin in das Geburtenregister eingetragen worden. Ich bin älter geworden.

Ich habe mich bewegt. Ich habe Teile meines Körpers bewegt. Ich habe meinen Körper bewegt. Ich habe mich auf der Stelle bewegt. Ich habe mich von der Stelle bewegt. Ich habe mich von einem Ort zum andern bewegt. Ich habe mich bewegen müssen. Ich habe mich bewegen können.

Ich habe meinen Mund bewegt. Ich bin zu Sinnen gekommen. Ich habe mich bemerkbar gemacht. Ich habe geschrien. Ich habe gesprochen. Ich habe Geräusche gehört. Ich habe Geräusche unterschieden. Ich habe Geräusche erzeugt. Ich habe Laute erzeugt. Ich habe Töne erzeugt. Ich habe Töne, Geräusche und Laute erzeugen können. Ich habe sprechen können. Ich habe schreien können. Ich habe schweigen können.

Ich habe gesehen. Ich habe Gesehenes wiedergesehen. Ich bin zu Bewußtsein gekommen. Ich habe Gesehenes wiedererkannt. Ich habe Wiedergesehenes wiedererkannt. Ich habe wahrgenommen. Ich habe Wahrgenommenes wiederwahrgenommen. Ich bin zu Bewußtsein gekommen. Ich habe Wiederwahrgenommenes wiedererkannt.

Ich habe geschaut. Ich habe Gegenstände gesehen. Ich habe auf gezeigte Gegenstände geschaut. Ich habe auf gezeigte Gegenstände gezeigt. Ich habe die Bezeichnung der gezeigten Gegenstände gelernt. Ich habe die gezeigten Gegenstände bezeichnet. Ich habe die Bezeichnung der nicht zeigbaren Gegenstände gelernt. Ich habe gelernt. Ich habe behalten. Ich habe die gelernten Zeichen behalten. Ich habe bezeichnete Gestalten gesehen. Ich habe ähnliche Gestalten mit gleichen Namen bezeichnet. Ich habe die Unterschiede zwischen unähnlichen Gestalten bezeichnet. Ich habe abwesende Gestalten bezeichnet. Ich habe abwesende Gestalten zu fürchten gelernt. Ich habe abwesende Gestalten herbeizuwünschen gelernt. Ich habe die Worte »wünschen« und »fürchten« gelernt.

Ich habe gelernt. Ich habe die Wörter gelernt. Ich habe die Zeitwörter gelernt. Ich habe den Unterschied zwischen sein und gewesen gelernt. Ich habe die Hauptwörter gelernt. Ich habe den Unterschied zwischen der Einzahl und der Mehrzahl gelernt. Ich habe die Umstandswörter gelernt. Ich habe den Unterschied zwischen hier und dort gelernt. Ich habe die hinweisenden Wörter gelernt. Ich habe den Unterschied zwischen diesem und jenem gelernt. Ich habe die Eigenschaftswörter gelernt. Ich habe den Unterschied zwischen gut und böse gelernt. Ich habe die besitzanzeigenden Wörter gelernt. Ich habe den Unterschied zwischen mein und dein gelernt. Ich habe einen Wortschatz erworben.

Ich bin der Gegenstand von Sätzen geworden. Ich bin die Ergänzung von Sätzen geworden. Ich bin der Gegenstand und die Ergänzung von Hauptsätzen und Nebensätzen geworden. Ich bin eine Mundbewegung geworden. Ich bin eine Aneinanderreihung von Buchstaben geworden.

Ich habe meinen Namen gesagt. Ich habe ich gesagt. Ich bin auf allen vieren gekrochen. Ich bin gelaufen. Ich bin auf etwas zugelaufen. Ich bin vor etwas davongelaufen. Ich habe mich aufgerichtet. Ich bin aus der Leideform getreten. Ich bin aktiv geworden. Ich bin im annähernd rechten Winkel zur Erde gegangen. Ich bin gesprungen. Ich habe der Schwerkraft getrotzt. Ich habe gelernt, meine Notdurft außerhalb der Kleidung zu verrichten. Ich habe gelernt, meinen Körper unter meine Gewalt zu bekommen. Ich habe gelernt, mich zu beherrschen.

Ich habe zu können gelernt. Ich habe können. Ich habe wollen können. Ich habe auf zwei Beinen gehen können. Ich habe auf den Händen gehen können. Ich habe bleiben können. Ich habe stehenbleiben können. Ich habe liegenbleiben können. Ich habe auf dem Bauch kriechen können. Ich habe mich tot stellen können. Ich habe den Atem anhalten können. Ich habe mich töten können. Ich habe ausspucken können. Ich habe nicken können. Ich habe verneinen können. Ich habe Gesten vollführen können. Ich habe fragen können. Ich habe Fragen beantworten können. Ich habe nachahmen können. Ich habe einem Beispiel folgen können. Ich habe spielen können. Ich habe etwas tun können. Ich habe etwas lassen können. Ich habe Gegenstände zerstören können. Ich habe Gegenstände mit anderen Gegenständen vergleichen können. Ich habe mir Gegenstände vorstellen können. Ich habe Gegenstände bewerten können. Ich habe Gegenstände sprechen können. Ich habe über Gegenstände sprechen können. Ich habe mich an Gegenstände erinnern können.

Ich habe in der Zeit gelebt. Ich habe an Anfang und Ende gedacht. Ich habe an mich gedacht. Ich habe an andre gedacht. Ich bin aus der Natur getreten. Ich bin geworden. Ich bin unnatürlich geworden. Ich bin zu meiner Geschichte gekommen. Ich habe erkannt, daß ich nicht du bin. Ich habe meine Geschichte mitteilen können. Ich habe meine Geschichte verschweigen können.

Ich habe etwas wollen können. Ich habe etwas *nicht* wollen können.

Ich habe mich gemacht. Ich habe mich zu dem gemacht, was ich bin. Ich habe mich verändert. Ich bin ein andrer geworden. Ich bin für meine Geschichte verantwortlich geworden. Ich bin für die Geschichten der andern mitverantwortlich geworden. Ich bin eine Geschichte unter andern geworden. Ich habe die Welt zu der meinen gemacht. Ich bin vernünftig geworden.

Ich habe nicht mehr nur der Natur folgen müssen. Ich habe Regeln erfüllen sollen. Ich habe sollen. Ich habe die geschichtlichen Regeln der Menschen erfüllen sollen. Ich habe handeln sollen. Ich habe unterlassen sollen. Ich habe geschehen lassen sollen. Ich habe Regeln gelernt. Ich habe als Metapher für die Regeln die ›Fußangeln der Regeln‹ gelernt. Ich habe Regeln für das Verhalten und die Gedanken gelernt. Ich habe Regeln für innen und außen gelernt. Ich habe Regeln für Dinge und Menschen gelernt. Ich habe allgemeine und besondere Regeln gelernt. Ich habe Regeln für das Diesseits und für das Jenseits gelernt. Ich habe Regeln für Luft, Wasser, Feuer und Erde gelernt. Ich habe die Regeln und die Ausnahmen von den Regeln gelernt. Ich habe die Grundregeln und die abgeleiteten Regeln gelernt. Ich habe zu sollen gelernt. Ich bin gesellschaftsfähig geworden.

Ich bin geworden: ich habe sollen. Ich bin fähig geworden, mit eigenen Händen zu essen: ich habe mich zu beschmutzen vermeiden sollen. Ich bin fähig geworden, die Sitten der andern anzunehmen: ich habe die eigenen Unsitten vermeiden sollen. Ich bin fähig geworden, heiß und kalt zu unterscheiden: ich habe das Spiel mit dem Feuer vermeiden sollen. Ich bin fähig geworden, Gutes und Böses zu trennen: ich habe das Böse vermeiden sollen. Ich bin fähig geworden, nach Spielregeln zu spielen: ich habe einen Verstoß gegen die Spielregeln vermeiden sollen. Ich bin fähig geworden, das Unrechtmäßige meiner Taten einzusehen und dieser Einsicht gemäß zu handeln: ich habe die Untat vermeiden sollen. Ich bin fähig geworden, die Geschlechtskraft zu gebrauchen: ich habe den Mißbrauch der Geschlechtskraft vermeiden sollen.

Ich bin von allen Regeln erfaßt worden. Mit meinen Personalien bin ich aktenkundig gemacht worden. Mit meiner Seele bin ich von der Erbsünde befleckt worden. Mit meiner Spielnummer bin ich in das Spielerverzeichnis aufgenommen worden. Mit meinen Krankheiten bin ich karteikundig gemacht worden. Mit meiner Firma bin ich in das Handelsregister eingetragen worden. Mit meinen besonderen Merkmalen bin ich in der Personenbeschreibung festgehalten worden.

Ich bin mündig geworden. Ich bin handlungsfähig geworden. Ich bin vertragsfähig geworden. Ich bin eines letzten Willens fähig geworden.

Seit einem Zeitpunkt habe ich Sünden begehen können. Seit einem anderen Zeitpunkt habe ich gerichtlich belangt werden können. Seit einem anderen Zeitpunkt habe ich meine Ehre verlieren können. Seit einem anderen Zeitpunkt habe ich mich durch einen Vertrag zu einem Tun oder Unterlassen verpflichten können.

Ich bin bußpflichtig geworden. Ich bin wohnsitzpflichtig geworden. Ich bin ersatzpflichtig geworden. Ich bin steuerpflichtig geworden. Ich bin stellungspflichtig geworden. Ich bin dienstpflichtig geworden. Ich bin schulpflichtig geworden. Ich bin impfpflichtig geworden. Ich bin sorgepflichtig geworden Ich bin zahlungspflichtig geworden. Ich bin untersuchungspflichtig geworden. Ich bin erziehungspflichtig geworden. Ich bin beweispflichtig geworden. Ich bin versicherungspflichtig geworden. Ich bin ausweispflichtig geworden. Ich bin meldepflichtig geworden. Ich bin unterhaltspflichtig geworden. Ich bin exekutionspflichtig geworden. Ich bin aussagepflichtig geworden.

Ich bin geworden. Ich bin verantwortlich geworden. Ich bin schuldig geworden. Ich bin entschuldbar geworden. Ich habe für meine Geschichte büßen müssen. Ich habe für meine Vergangenheit büßen müssen. Ich habe für d i e Vergangenheit büßen müssen. Ich habe für meine Zeit büßen müssen. Ich bin erst mit der Zeit zur Welt gekommen.

Gegen welche Forderung der Zeit habe ich mich vergangen? Gegen welche Forderung der praktischen Vernunft habe ich mich vergangen? Gegen welche Geheimparagraphen habe ich mich vergangen? Gegen welches Programm habe ich mich vergangen? Gegen welche ewigen Gesetze des Weltalls habe ich mich vergangen? Gegen welche Gesetze der Unterwelt habe ich mich vergangen? Gegen welche primitivsten Regeln des Anstands habe ich mich vergangen? Gegen welche Richtlinien einer Partei habe ich mich vergangen? Gegen welche Gesetze des Theaters habe ich mich vergangen? Gegen welche vitalen Interessen habe ich mich vergangen? Gegen welches sanfte Gesetz habe ich mich vergangen? Gegen welches Faustrecht habe ich mich vergangen? Gegen welches Gebot der Stunde habe ich mich vergangen? Gegen welche Lebensregeln habe ich mich vergangen? Gegen welche Bauernregeln habe ich mich vergangen? Gegen welche Liebesregeln habe ich mich vergangen? Gegen welche Spielregeln habe ich mich vergangen? Gegen welche Regeln der Kosmetik habe ich mich vergangen? Gegen welche Regeln der Kunst habe ich mich vergangen? Gegen welche Rechte der Stärkeren habe ich mich vergangen? Gegen welche Forderung der Pietät habe ich mich vergangen? Gegen welche Gesetze der Gesetzlosen habe ich mich vergangen? Gegen welches Verlangen nach Abwechslung habe ich mich vergangen? Gegen welche Gesetze für Diesseits und Jenseits habe ich mich vergangen? Gegen welche Regeln der Rechtschreibung habe ich mich vergangen? Gegen welches Recht der Vergangenheit habe ich mich vergangen? Gegen welche Gesetze des freien Falls habe ich mich vergangen? Habe ich mich gegen die Regeln, Pläne, Ideen, Postulate, Grundsätze, Etiketten, Satzungen, allgemeinen Meinungen und Formeln der ganzen Welt vergangen?

Ich habe getan. Ich habe unterlassen. Ich habe zugelassen. Ich habe mich geäußert. Ich habe mich geäußert durch Gedanken. Ich habe mich geäußert durch Äußerungen. Ich habe mich vor mir selber geäußert. Ich habe mich vor mir selber und andern geäußert. Ich habe mich vor der unpersönlichen Macht der Gesetze und der guten Sitten geäußert. Ich habe mich vor der persönlichen Macht Gottes geäußert.

Ich habe mich in Bewegungen geäußert. Ich habe mich in Handlungen geäußert. Ich habe mich in der Bewegungslosigkeit geäußert. Ich habe mich in der Tatenlosigkeit geäußert.

Ich habe bedeutet. Ich habe in jeder meiner Äußerungen bedeutet. Ich habe in jeder meiner Äußerungen eine Erfüllung oder Mißachtung von Regeln bedeutet.

Ich habe mich geäußert durch Spucken. Ich habe mich geäußert durch Unmutskundgebungen. Ich habe mich geäußert durch Beifallskundgebungen. Ich habe mich geäußert durch die Verrichtung meiner Notdurft. Ich habe mich geäußert durch das Wegwerfen von unbrauchbaren und gebrauchten Gegenständen. Ich habe mich geäußert durch das Töten von Lebewesen. Ich habe mich geäußert durch das Zerstören von Gegenständen. Ich habe mich geäußert durch Atmen. Ich habe mich geäußert durch das Absondern von Schweiß. Ich habe mich geäußert durch das Absondern von Rotz und Tränen.

Ich habe gespuckt. Ich habe ausgespuckt. Ich habe gezielt gespuckt. Ich habe angespuckt. Ich habe an Orten auf den Boden gespuckt, an denen auf den Boden zu spucken ungehörig war. Ich habe an Orten ausgespuckt, an denen auszuspucken ein Verstoß gegen die Gesundheitsvorschriften war. Ich habe Menschen ins Gesicht gespuckt, die anzuspucken eine persönliche Beleidigung Gottes war. Ich habe Gegenstände angespuckt, die anzuspucken eine persönliche Beleidigung von Menschen war. Ich habe vor Menschen nicht ausgespuckt, vor denen auszuspucken Glück bringen sollte. Ich habe vor Krüppeln nicht ausgespuckt. Ich habe Schauspieler vor ihrem Auftritt nicht angespuckt. Ich habe nicht den Spucknapf benutzt. Ich habe in Warteräumen ausgespuckt. Ich habe gegen den Wind gespuckt.

Ich habe Beifallskundgebungen geäußert an Orten, an denen Beifallskundgebungen verboten waren. Ich habe Mißfallenskundgebungen geäußert zu Zeiten, zu denen Mißfallenskundgebungen unerwünscht waren. Ich habe Mißfallenskundgebungen und Beifallskundgebungen geäußert an Orten und zu Zeiten, da Mißfallenskundgebungen sowie Beifallskundgebungen verbeten waren. Ich habe Beifallskundgebungen nicht geäußert zu Zeiten, zu denen Beifallskundgebungen erbeten waren. Ich habe Beifallskundgebungen bei einem schwierigen Trapezakt im Zirkus geäußert. Ich habe Beifallskundgebungen zur Unzeit geäußert.

Ich habe unbrauchbare und gebrauchte Gegenstände weggeworfen an Orten, an denen das Wegwerfen von Gegenständen untersagt war. Ich habe Gegenstände abgestellt an Orten, an denen das Abstellen von Gegenständen strafbar war. Ich habe Gegenstände abgelagert an Orten, an denen das Ablagern von Gegenständen verwerflich war. Ich habe Gegenstände nicht abgeliefert, die abzuliefern gesetzestreu war. Ich habe Gegenstände aus dem Fenster eines fahrenden Zuges geworfen. Ich habe Abfälle nicht in den Abfallkorb geworfen. Ich habe Abfälle im Wald liegen lassen. Ich habe brennende Zigaretten ins Heu geworfen. Ich habe feindliche Flugblätter nicht abgeliefert.

Ich habe mich geäußert durch Sprechen. Ich habe mich geäußert durch Aneignen von Gegenständen. Ich habe mich geäußert durch das Zeugen von Lebewesen. Ich habe mich geäußert durch das Erzeugen von Gegenständen. Ich habe mich geäußert durch Schauen. Ich habe mich geäußert durch Spielen. Ich habe mich geäußert durch Gehen.

Ich bin gegangen. Ich bin ziellos gegangen. Ich bin zielbewußt gegangen. Ich bin auf Wegen gegangen. Ich bin auf Wegen gegangen, auf denen zu gehen verboten war. Ich bin nicht auf Wegen gegangen, wenn auf Wegen zu gehen geboten war. Ich bin auf Wegen gegangen, auf denen ziellos zu gehen sündhaft war. Ich bin zielbewußt gegangen, wenn ziellos zu gehen geboten war. Ich bin auf Wegen gegangen, auf denen mit einem Ziel zu gehen verboten war. Ich bin gegangen. Ich bin gegangen, wenn selbst das Gehen verboten und gegen die guten Sitten war. Ich bin durch Passagen gegangen, die zu passieren konformistisch war. Ich habe Grundstücke betreten, die zu betreten eine Schande war. Ich habe Grundstücke ohne Ausweis betreten, die ohne Ausweis zu betreten verboten war. Ich habe Gebäude verlassen, die zu verlassen unsolidarisch war. Ich habe Gebäude betreten, die mit bedecktem Kopf zu betreten unschicklich war. Ich habe Gebiet betreten, das zu betreten untersagt war. Ich bin in ein Staatsgebiet eingereist, in das einzureisen verboten war. Ich bin aus einem Staatsgebiet ausgereist, aus dem auszureisen staatsfeindlich war. Ich habe Straßen in einer Richtung befahren, in die zu fahren undiszipliniert war. Ich bin in Richtungen gegangen, in die zu gehen unstatthaft war. Ich bin so weit gegangen, daß weiterzugehen unratsam war. Ich bin stehengeblieben, wenn stehenzubleiben unhöflich war. Ich bin rechts von Personen gegangen, auf deren rechter Seite zu gehen gedankenlos war. Ich habe mich auf Plätze gesetzt, auf denen zu sitzen anderen Personen vorbehalten war. Ich bin nicht weitergegangen, wenn weiterzugehen befohlen war. Ich bin langsam gegangen, wenn schnell zu gehen geboten war. Ich bin nicht aufgestanden, wenn aufzustehen geboten war. Ich habe mich hingelegt an Orten, an denen sich hinzulegen verboten war. Ich bin bei Aufläufen stehengeblieben. Ich bin bei gebotener Hilfeleistung weitergegangen. Ich habe Niemandsland betreten. Ich habe mich in den Monaten mit R auf den Boden gelegt. Ich habe durch langsames Gehen in engen Gängen Flüchtende aufgehalten. Ich bin von der fahrenden Straßenbahn gesprungen. Ich habe die Waggontür vor dem Halten des Zuges geöffnet.

Ich habe gesprochen. Ich habe ausgesprochen. Ich habe ausgesprochen, was andere schon gedacht haben. Ich habe nur gedacht, was andere ausgesprochen haben. Ich habe der öffentlichen Meinung Ausdruck gegeben. Ich habe die öffentliche Meinung verfälscht. Ich habe gesprochen an Orten, an denen zu sprechen pietätlos war. Ich habe laut gesprochen an Orten, an denen laut zu sprechen rücksichtslos war. Ich habe geflüstert, wenn laut zu sprechen verlangt war. Ich habe geschwiegen zu Zeiten, zu denen zu schweigen eine Schande war. Ich habe als öffentlicher Sprecher gesprochen, wenn als Privatmann zu sprechen geboten war. Ich habe mit Personen gesprochen, mit denen zu sprechen würdelos war. Ich habe Personen gegrüßt, die zu grüßen ein Verrat an Prinzipien war. Ich habe in einer Sprache gesprochen, in der zu sprechen volksfeindlich war. Ich habe von Gegenständen gesprochen, von denen zu sprechen taktlos war. Ich habe meine Mitwisserschaft an einer Untat verschwiegen. Ich habe über Tote nichts Gutes gesprochen. Ich habe Abwesenden Übles nachgeredet. Ich habe gesprochen, ohne gefragt zu sein. Ich habe Soldaten im Dienst angesprochen. Ich habe während der Fahrt mit dem Wagenlenker gesprochen.

Ich habe die Regeln der Sprache nicht beachtet. Ich habe Sprachverstöße begangen. Ich habe die Worte ohne Gedanken gebraucht. Ich habe den Gegenständen der Welt blindlings Eigenschaften gegeben. Ich habe den Worten für die Gegenstände blindlings Worte für die Eigenschaften der Gegenstände gegeben. Ich habe mit den Worten für die Eigenschaften der Gegenstände blindlings die Welt angeschaut. Ich habe die Gegenstände tot genannt. Ich habe die Mannigfaltigkeit bunt genannt. Ich habe die Traurigkeit dunkel genannt. Ich habe den Wahnsinn hell genannt. Ich habe die Leidenschaft heiß genannt. Ich habe den Zorn rot genannt. Ich habe die letzten Dinge unsagbar genannt. Ich habe das Milieu echt genannt. Ich habe die Natur frei genannt. Ich habe den Schrekken panisch genannt. Ich habe das Lachen befreiend genannt. Ich habe die Freiheit unabdingbar genannt. Ich habe die Treue sprichwörtlich genannt. Ich habe den Nebel milchig genannt. Ich habe die Oberfläche glatt genannt. Ich habe die Strenge alttestamentarisch genannt. Ich habe den Sünder arm genannt. Ich habe die Würde angeboren genannt. Ich habe die Bombe bedrohlich genannt. Ich habe die Lehre heilsam genannt. Ich habe die Finsternis undurchdringlich genannt. Ich habe die Moral verlogen genannt. Ich habe die Grenzen verwischt genannt. Ich habe den Zeigefinger moralisch genannt. Ich habe das Mißtrauen schöpferisch genannt. Ich habe das Vertrauen blind genannt. Ich habe die Atmosphäre sachlich genannt. Ich habe den Widerspruch fruchtbar genannt. Ich habe die Erkenntnisse zukunftsweisend genannt. Ich habe die Redlichkeit intellektuell genannt. Ich habe das Kapital korrupt genannt. Ich habe das Gefühl dumpf genannt. Ich habe das Weltbild verzerrt genannt. Ich habe die Ideologie falsch genannt. Ich habe die Weltanschauung verwaschen genannt.

Ich habe die Kritik konstruktiv genannt. Ich habe die Wissenschaft vorurteilslos genannt. Ich habe die Genauigkeit wissenschaftlich genannt. Ich habe die Haut taufrisch genannt. Ich habe die Ergebnisse greifbar genannt. Ich habe das Gespräch nützlich genannt. Ich habe das Dogma starr genannt. Ich habe die Diskussion notwendig genannt. Ich habe die Meinung subjektiv genannt. Ich habe das Pathos hohl genannt. Ich habe die Mystik verworren genannt. Ich habe die Gedanken unausgegoren genannt. Ich habe die Spielerei unnütz genannt. Ich habe die Monotonie ermüdend genannt. Ich habe die Erscheinungen transparent genannt. Ich habe das Sein wahr genannt. Ich habe die Wahrheit tief genannt. Ich habe die Lüge seicht genannt. Ich habe das Leben prall genannt. Ich habe das Geld nebensächlich genannt. Ich habe die Wirklichkeit platt genannt. Ich habe den Augenblick kostbar genannt. Ich habe den Krieg gerecht genannt. Ich habe den Frieden faul genannt. Ich habe den Ballast tot genannt. Ich habe die Gegensätze unvereinbar genannt. Ich habe die Fronten starr genannt. Ich habe das Weltall gekrümmt genannt. Ich habe den Schnee weiß genannt. Ich habe das Wasser flüssig genannt. Ich habe den Ruß schwarz genannt. Ich habe die Kugel rund genannt. Ich habe das Etwas gewiß genannt. Ich habe das Maß voll genannt.

Ich habe mir Gegenstände angeeignet. Ich habe Gegenstände zu Besitz und Eigentum erworben. Ich habe mir Gegenstände angeeignet an Orten, an denen das Aneignen von Gegenständen grundsätzlich verboten war. Ich habe mir Gegenstände angeeignet, die sich anzueignen gesellschaftsfeindlich war. Ich habe an Gegenständen privates Eigentum begründet, an denen privates Eigentum zu begründen unzeitgemäß war. Ich habe

Gegenstände zu öffentlichem Gut erklärt, die dem privaten Eigentum zu entziehen unsittlich war. Ich habe Gegenstände ohne Sorgfalt behandelt, die mit Sorgfalt zu behandeln vorgeschrieben war. Ich habe Gegenstände berührt, die zu berühren unästhetisch und sündhaft war. Ich habe Gegenstände von Gegenständen getrennt, die voneinander zu trennen unratsam war. Ich habe von Gegenständen nicht den gebührenden Abstand gehalten, von denen ein gebührender Abstand zu halten geboten war. Ich habe Personen wie Sachen behandelt. Ich habe Tiere wie Personen behandelt. Ich habe mit Lebewesen Kontakt aufgenommen, mit denen Kontakt aufzunehmen sittenlos war. Ich habe Gegenstände mit Gegenständen berührt, die miteinander zu berühren unnütz war. Ich habe mit Lebewesen und Gegenständen gehandelt, mit denen zu handeln unmenschlich war. Ich habe zerbrechliche Waren ohne Sorgfalt behandelt. Ich habe den Pluspol mit dem Pluspol verbunden. Ich habe äußerlich anzuwendende Arzneien innerlich angewendet. Ich habe Ausstellungsgegenstände berührt. Ich habe Schorf von halb verheilten Wunden gerissen. Ich habe herabhängende Stromleitungen berührt. Ich habe einschreibepflichtige Briefe nicht eingeschrieben. Ich habe stempelpflichtige Gesuche nicht mit einer Stempelmarke versehen. Ich habe im Trauerfall keine dunklen Kleider getragen. Ich habe mein Gesicht nicht durch eine Creme gegen die Sonne geschützt. Ich habe mit Sklaven gehandelt. Ich habe mit unbeschautem Fleisch gehandelt. Ich habe mit unzureichendem Schuhwerk Berge bestiegen. Ich habe das Obst nicht gewaschen. Ich habe die Kleider von Pesttoten nicht desinfiziert. Ich habe Haarwasser vor dem Gebrauch nicht geschüttelt.

Ich habe geschaut und gehört. Ich habe angeschaut. Ich habe

Gegenstände angeschaut, die anzuschauen schamlos war. Ich habe Gegenstände nicht angeschaut, die nicht anzuschauen pflichtvergessen war. Ich habe Vorgängen nicht zugeschaut, denen nicht zuzuschauen spießbürgerlich war. Ich habe Vorgängen nicht in einer Haltung zugeschaut, in der zuzuschauen Vorschrift war. Ich habe bei Vorgängen nicht weggeschaut, bei denen zuzuschauen verräterisch war. Ich habe zurückgeschaut, wenn zurückzuschauen ein Beweis von schlechter Erziehung war. Ich habe weggeschaut, wenn wegzuschauen feig war. Ich habe Personen angehört, die anzuhören gesinnungslos war. Ich habe verbotenes Gelände besichtigt. Ich habe einsturzgefährdete Bauten besichtigt. Ich habe Personen nicht angeschaut, die mit mir gesprochen haben. Ich habe Personen nicht angeschaut, mit denen ich gesprochen habe. Ich habe abzuratende und abzulehnende Filme gesehen. Ich habe staatsfeindliche Mitteilungen in Massenmedien gehört. Ich habe ohne Eintrittskarte Spielen zugeschaut. Ich habe fremde Personen angestarrt. Ich habe ohne dunkle Gläser in die Sonne geschaut. Ich habe beim Geschlechtsakt die Augen offen gehalten.

Ich habe gegessen. Ich habe über den Hunger gegessen. Ich habe über den Durst getrunken. Ich habe mir Speise und Trank einverleibt. Ich habe die vier Elemente zu mir genommen. Ich habe die vier Elemente aus- und eingeatmet. Ich habe zu Zeiten gegessen, zu denen zu essen unbeherrscht war. Ich habe nicht in einer Weise geatmet, in der zu atmen gesund war. Ich habe eine Luft geatmet, die zu atmen unter meinem Stand war. Ich habe eingeatmet, wenn einzuatmen schädlich war. Ich habe an Fasttagen Fleisch gegessen. Ich habe ohne Gasmaske geatmet. Ich habe auf offener Straße gegessen. Ich habe

Abgase eingeatmet. Ich habe ohne Messer und Gabel gegessen. Ich habe mir zum Atmen keine Zeit gelassen. Ich habe die Hostie mit den Zähnen gegessen. Ich habe nicht durch die Nase geatmet.

Ich habe gespielt. Ich habe falsch gespielt. Ich habe nach Regeln gespielt, die nach den bestehenden Regeln gegen die Konvention waren. Ich habe an Orten und zu Zeiten gespielt, da zu spielen asozial und weltvergessen war. Ich habe mit Personen gespielt, mit denen zu spielen ehrlos war. Ich habe mit Gegenständen gespielt, mit denen zu spielen gegen das Zeremoniell war. Ich habe an Orten und zu Zeiten nicht gespielt, da nicht zu spielen ungesellig war. Ich habe mit Regeln gespielt, wenn ohne Regeln zu spielen individuell war. Ich habe mit mir selber gespielt, wenn mit andern zu spielen ein Gebot der Menschlichkeit war. Ich habe mit Mächten gespielt, mit denen zu spielen anmaßend war. Ich habe Spiele nicht ernst genommen. Ich habe Spiele zu ernst genommen. Ich habe mit dem Feuer gespielt. Ich habe mit Feuerzeugen gespielt. Ich habe mit gezinkten Karten gespielt. Ich habe mit Menschenleben gespielt. Ich habe mit Sprühdosen gespielt. Ich habe mit dem Leben gespielt. Ich habe mit Gefühlen gespielt. Ich habe *mich* gespielt. Ich habe ohne Spielnummer gespielt. Ich habe in der Spielzeit *nicht* gespielt. Ich habe mit der Neigung zum Bösen gespielt. Ich habe mit den Gedanken gespielt. Ich habe mit Selbstmordgedanken gespielt. Ich habe auf einer dünnen Eisfläche gespielt. Ich habe auf fremdem Grund gespielt. Ich habe Verzweiflung gespielt. Ich habe mit meiner Verzweiflung gespielt. Ich habe mit meinem Geschlechtsteil gespielt. Ich habe mit Worten gespielt. Ich habe mit meinen Fingern gespielt.

Ich bin schon mit der Erbsünde behaftet auf die Welt gekommen. Von Natur aus habe ich zum Bösen geneigt. Schon im Neid auf den Milchbruder habe ich meine Bosheit geäußert. Einen Tag lang auf der Welt, bin ich schon nicht mehr frei von der Sünde gewesen. Ich habe plärrend nach den Brüsten der Mutter gegiert. Ich habe nur zu saugen gewußt. Ich habe nur meinen Genuß zu stillen gewußt. Ich habe mit meiner Vernunft nicht die in das Weltall und in meine Natur gelegten Gesetze erkennen wollen. Ich bin schon in Bosheit empfangen worden. Ich bin schon in Bosheit gezeugt worden. Ich habe meine Bosheit im Zerstören der Dinge ausgelassen. Ich habe meine Bosheit im Zertreten von Lebewesen ausgelassen. Ich bin ungehorsam gewesen aus Liebe zum Spiel. Ich habe am Spiel das Siegesgefühl geliebt. Ich habe an phantastischen Geschichten den Kitzel im Ohr geliebt. Ich habe Menschen vergöttert. Ich habe an den Nichtigkeiten der Dichter größeren Gefallen gefunden als an nützlichen Kenntnissen. Ich habe Sprachschnitzer mehr gefürchtet als die ewigen Gesetze. Ich habe nur meinen Gaumen über mich gebieten lassen. Ich habe nur meinen Sinnen vertraut. Ich habe keinen Wirklichkeitssinn bewiesen. Ich habe nicht nur die Schandtaten geliebt, sondern auch das Begehen der Schandtaten. Ich habe das Böse am liebsten in Gesellschaft begangen. Ich habe Mitschuldige geliebt. Ich habe die Mitschuld geliebt. Ich habe an der Sünde die Gefahr geliebt. Ich habe nicht nach der Wahrheit gesucht. Ich habe in der Kunst Lust an meinem Schmerz und an meinem Mitleid empfunden. Ich habe der Augenlust gefrönt. Ich habe nicht das Ziel der Geschichte erkannt. Ich bin gottvergessen gewesen. Ich bin weltvergessen gewesen. Ich habe die Welt nicht als diese Welt bezeichnet. Ich habe auch die Himmelskörper zur Welt gerechnet. Ich bin mir selber genug gewesen. Ich bin nur um die weltlichen Dinge besorgt gewesen. Ich habe gegen die Traurigkeit kein kaltes Bad genommen. Ich habe gegen die Leidenschaft kein heißes Bad genommen. Ich habe meinen Körper zweckentfremdet. Ich habe die Tatsachen nicht zur Kenntnis genommen. Ich habe meine leibliche Natur nicht der geistigen Natur untergeordnet. Ich habe meine Natur verleugnet. Ich bin gegen die Natur der Dinge angerannt. Ich habe ungeordnet nach Macht verlangt. Ich habe ungeordnet nach Geld verlangt. Ich habe mir kein Verhältnis zum Geld anerzogen. Ich habe über meine Verhältnisse gelebt. Ich habe mich mit den Verhältnissen nicht abfinden können. Ich habe selbstbestimmend mein Leben gestaltet. Ich habe mich selbst nicht überwunden. Ich habe mich nicht eingeordnet. Ich habe die ewige Ordnung gestört. Ich habe verkannt, daß das Böse nur die Abwesenheit des Guten ist. Ich habe nicht erkannt, daß das Böse nur ein Unwesen ist. Ich habe in meinen Sünden den Tod geboren. Ich habe mich durch die Sünde dem Vieh gleichgemacht, das an der Schlachtbank geschlachtet werden soll, aber an demselben Eisen herumschnüffelt, das bestimmt ist zu seiner Schlachtung. Ich habe den Anfängen nicht widerstanden. Ich habe nicht den Zeitpunkt zum Aufhören gefunden. Ich habe mir vom höchsten Wesen ein Bild gemacht. Ich habe mir vom höchsten Wesen k e i n Bild machen wollen. Ich habe den Namen des höchsten Wesens totgeschwiegen. Ich habe nur an die drei Personen der Grammatik geglaubt. Ich habe mir eingeredet, daß es kein höchstes Wesen gibt, um es nicht fürchten zu müssen. Ich habe die Gelegenheit gesucht. Ich habe die Möglichkeit nicht genützt. Ich bin der Notwendigkeit nicht gefolgt. Ich habe mit dem Zufall nicht gerechnet. Ich habe aus schlechten Beispielen nicht gelernt. Ich habe aus der Vergangenheit nicht gelernt. Ich habe mich dem freien Spiel der Kräfte überlassen. Ich habe die Freiheit mit der Zügellosigkeit verwechselt. Ich habe die Ehrlichkeit mit der Selbstentblößung verwechselt. Ich habe die Obszönität mit der Originalität verwechselt. Ich habe den Traum mit der Wirklichkeit verwechselt. Ich habe das Leben mit dem Klischee verwechselt. Ich habe den Zwang mit der notwendigen Führung verwechselt. Ich habe die Liebe mit dem Trieb verwechselt. Ich habe die Ursache mit der Wirkung verwechselt. Ich habe keine Einheit zwischen Denken und Handeln beachtet. Ich habe die Dinge nicht gesehen, wie sie sind. Ich bin dem Zauber des Augenblicks erlegen. Ich habe das Dasein nicht als geliehen betrachtet. Ich bin wortbrüchig geworden. Ich habe die Sprache nicht beherrscht. Ich habe die Welt nicht verneint. Ich habe die Obrigkeit nicht bejaht. Ich bin autoritätsgläubig gewesen. Ich habe mit meiner Geschlechtskraft nicht hausgehalten. Ich habe die Lust als Selbstzweck gesucht. Ich bin meiner selber nicht sicher gewesen. Ich bin mir zur Frage geworden. Ich habe meine Zeit vertan. Ich habe die Zeit verschlafen. Ich habe die Zeit anhalten wollen. Ich habe die Zeit vorantreiben wollen. Ich bin mit der Zeit im Widerspruch gestanden. Ich habe nicht älter werden wollen. Ich habe nicht sterben wollen. Ich habe die Dinge nicht auf mich zukommen lassen. Ich habe mich nicht beschränken können. Ich bin ungeduldig gewesen. Ich habe es nicht erwarten können. Ich habe nicht an die Zukunft gedacht. Ich habe nicht an *meine* Zukunft gedacht. Ich habe von einem Augenblick zum andern gelebt. Ich bin selbstherrlich gewesen. Ich habe getan, als sei ich allein auf der Welt. Ich habe keine Lebensart bewiesen. Ich bin eigenwillig gewesen. Ich bin willenlos gewesen. Ich habe nicht an mir selber gearbeitet. Ich habe nicht in der Arbeit meine Existenzbedingung geschaffen. Ich habe nicht in jedem Armen Gott gesehen. Ich habe das Übel nicht an der Wurzel ausgerottet. Ich habe verantwortungslos Kinder in die Welt gesetzt. Ich habe meine Vergnügungen nicht meinen sozialen Verhältnissen angepaßt. Ich habe schlechte Gesellschaft gesucht. Ich habe immer im Mittelpunkt stehen wollen. Ich bin zu viel allein gewesen. Ich bin zu wenig allein gewesen. Ich habe zu sehr ein Eigenleben geführt. Ich habe die Bedeutung des Wortes »zu« nicht erkannt. Ich habe nicht als mein höchstes Ziel das Glück aller Menschen betrachtet. Ich habe die Einzelinteressen nicht hinter die Gemeininteressen gestellt. Ich habe mich der Diskussion nicht gestellt. Ich habe Weisungen mißachtet. Ich habe auf unberechtigte Weisungen den Befehl nicht verweigert. Ich habe meine Grenzen nicht erkannt. Ich habe die Dinge nicht im Zusammenhang mit andern gesehen. Ich habe aus der Not keine Tugend gemacht. Ich habe Gesinnungen gewechselt. Ich bin unbelehrbar gewesen. Ich habe mich nicht in den Dienst der Sache gestellt. Ich habe mich mit dem Erreichten zufrieden gegeben. Ich habe immer nur mich selber gesehen. Ich habe Einflüsterungen nachgegeben. Ich habe mich nicht für das eine oder das andre entschieden. Ich habe nicht Stellung genommen. Ich habe das Gleichgewicht der Kräfte gestört. Ich habe die allgemein anerkannten Grundsätze verletzt. Ich habe das Soll nicht erfüllt. Ich bin hinter dem gesteckten Ziel zurückgeblieben. Ich bin mir selber ein und alles gewesen. Ich bin zu wenig in der frischen Luft gewesen. Ich bin zu spät aufgewacht. Ich habe den Gehsteig nicht gereinigt. Ich habe Türen nicht geschlossen. Ich bin zu nahe an Käfige getreten. Ich habe Einfahrten nicht freigehalten. Ich habe Ausstiege nicht freigehalten. Ich habe ohne zwingenden Grund die Notbremse gezogen. Ich habe Fahrräder an verbotene Mauern gelehnt. Ich habe gebettelt und hausiert. Ich habe Straßen nicht reingehalten. Ich habe die Schuhe nicht abgestreift. Ich habe mich im fahrenden Zug aus dem Fenster gelehnt. Ich habe in feuergefährdeten Räumen mit offenem Licht hantiert. Ich habe unangemeldet vorgesprochen. Ich bin vor körperbehinderten Personen nicht aufgestanden. Ich habe mich mit brennender Zigarette in ein Hotelbett gelegt. Ich habe Wasserhähne nicht zugedreht. Ich habe auf Parkbänken übernachtet. Ich habe Hunde nicht an der Leine geführt. Ich habe bissigen Hunden keinen Beißkorb umgelegt. Ich habe Stöcke und Schirme nicht an der Garderobe abgegeben. Ich habe vor vollzogenem Kauf Waren berührt. Ich habe Behälter nicht sogleich nach dem Gebrauch des Inhalts wieder verschlossen. Ich habe mit Sprühdosen in Feuer gesprüht. Ich bin bei Rotlicht über Kreuzungen gegangen. Ich bin auf Autobahnen gegangen. Ich bin auf dem Bahnkörper gegangen. Ich bin nicht auf dem Gehsteig gegangen. Ich bin in Straßenbahnen nicht vorgegangen. Ich habe die Haltegriffe nicht benutzt. Ich habe während des Zugaufenthalts in der Station die Toilette benutzt. Ich habe Anweisungen des Personals nicht befolgt. Ich habe auf verbotenen Plätzen Motorfahrzeuge angelassen. Ich habe nicht auf Knöpfe gedrückt. Ich habe in Bahnhöfen die Geleise überschritten. Ich bin bei der Einfahrt von Zügen nicht zurückgetreten. Ich habe die Tragkraft von Aufzügen überfordert. Ich habe die Nachtruhe gestört. Ich habe Plakate auf verbotene Mauern geklebt.. Ich habe Türen durch Stoßen öffnen wollen, die durch Ziehen zu öffnen waren. Ich habe Türen durch Ziehen öffnen wollen, die durch Stoßen zu öffnen waren. Ich habe mich nach Einbruch der Dunkelheit auf den Straßen herumgetrieben. Ich habe bei gebotener Verdunkelung Lichter angezündet. Ich habe in Unglücksfällen nicht Ruhe bewahrt. Ich bin bei Ausgehverbot außer Haus gegangen. Ich bin bei einer Katastrophe nicht auf meinem Platz geblieben. Ich habe zuerst an mich selber gedacht. Ich habe ungeordnet Räume verlassen. Ich habe unbefugt Alarmsignale betätigt. Ich habe unbefugt Alarmsignale zerstört. Ich habe nicht die Notausgänge benutzt. Ich habe gedrängt. Ich habe getrampelt. Ich habe nicht mit dem Hammer die Fenster eingeschlagen. Ich habe den Weg versperrt. Ich habe unbefugt Gegenwehr geleistet. Ich bin auf Anruf nicht stehengeblieben. Ich habe die Hände nicht über den Kopf gehalten. Ich habe nicht auf die Beine gezielt. Ich habe bei gezogenem Hahn mit dem Abzug gespielt. Ich habe nicht Frauen und Kinder zuerst gerettet. Ich habe mich Ertrinkenden nicht von hinten genähert. Ich habe die Hände in den Taschen behalten. Ich habe keine Haken geschlagen. Ich habe mir die Augen nicht verbinden lassen. Ich habe keine Deckung gesucht. Ich habe ein leichtes Ziel geboten. Ich bin zu langsam gewesen. Ich bin zu schnell gewesen. Ich habe mich b e w e g t.

Ich habe nicht die Bewegung meines Schattens als Beweis der Bewegung der Erde angesehen. Ich habe nicht meine Furcht im Dunkeln als Beweis meiner Existenz angesehen. Ich habe nicht die Forderung meiner Vernunft nach Unsterblichkeit als Beweis meiner Existenz nach dem Tod angesehen. Ich habe nicht meinen Ekel vor der Zukunft als Beweis meiner Nichtexistenz nach dem Tod angesehen. Ich habe nicht das Nachlassen des Schmerzes als Beweis des Vergehens der Zeit angesehen. Ich habe nicht meine Lust zu leben als Beweis des Stillstands der Zeit angesehen.

Ich bin nicht, was ich gewesen bin. Ich bin nicht gewesen, wie ich hätte sein sollen. Ich bin nicht geworden, was ich hätte werden sollen. Ich habe nicht gehalten, was ich hätte halten sollen.

Ich bin ins Theater gegangen. Ich habe dieses Stück gehört. Ich habe dieses Stück gesprochen. Ich habe dieses Stück geschrieben.

Bemerkung zu meinen Sprechstücken

Die Sprechstücke sind Schauspiele ohne Bilder, insofern, als sie kein Bild von der Welt geben. Sie zeigen auf die Welt nicht in der Form von Bildern, sondern in der Form von Worten, und die Worte der Sprechstücke zeigen nicht auf die Welt als etwas außerhalb der Worte Liegendes, sondern auf die Welt in den Worten selber. Die Worte, aus denen die Sprechstücke bestehen, geben kein Bild von der Welt, sondern einen Begriff von der Welt. Die Sprechstücke sind theatralisch insofern, als sie sich natürlicher Formen der *Äußerung* in der Wirklichkeit bedienen. Sie bedienen sich nur solcher Formen, die auch in der Wirklichkeit naturgemäß Äußerungen sein müssen, das heißt, sie bedienen sich der Sprachformen, die in der Wirklichkeit *mündlich* geäußert werden. Die Sprechstücke bedienen sich der natürlichen Äußerungsform der Beschimpfung, der Selbstbezichtigung, der Beichte, der Aussage, der Frage, der Rechtfertigung, der Ausrede, der Weissagung, der Hilferufe. Sie bedürfen also eines Gegenübers, zumindest *einer* Person, die zuhört, sonst wären sie keine natürlichen Äußerungen, sondern vom Autor erzwungen. Insofern sind die Sprechstücke Theaterstücke. Sie ahmen die Gestik all der aufgezählten natürlichen Äußerungen ironisch im Theater nach.

Es kann in den Sprechstücken keine Handlung geben, weil jede Handlung auf der Bühne nur das Bild von einer anderen Handlung wäre: die Sprechstücke beschränken sich, indem sie ihrer naturgegebenen Form gehorchen, auf Worte und geben keine Bilder, auch nicht Bilder in der Form von Worten, die nur die vom Autor erzwungenen Bilder eines inneren, naturgemäß nicht geäußerten wortlosen Sachverhalts wären und keine *natürlichen* Äußerungen.

Sprechstücke sind verselbständigte Vorreden der alten Stücke. Sie wollen nicht revolutionieren, sondern aufmerksam machen.

Inhalt

Peter Handke
Sein Werk im Suhrkamp Verlag

Die Abwesenheit. Ein Märchen. Leinen
Als das Wünschen noch geholfen hat. st 208
Die Angst des Tormanns beim Elfmeter. BS 612 und st 27
Begrüßung des Aufsichtsrats. st 654
Der Chinese des Schmerzes. Leinen und st 1339
Chronik der laufenden Ereignisse. Filmbuch 1971. st 3
Das Ende des Flanierens. st 679
Falsche Bewegung. st 258
Gedicht an die Dauer. BS 930
Die Geschichte des Bleistifts. st 1149
Das Gewicht der Welt. Ein Journal (November 1975 - März 1977). st 500
Der Hausierer. Roman. Engl. Broschur
Die Hornissen. Roman. st 416
Ich bin ein Bewohner des Elfenbeinturms. Aufsätze. st 56
Die Innenwelt der Außenwelt der Innenwelt. es 307
Kaspar. es 322
Kindergeschichte. Broschur und st 1071
Der kurze Brief zum langen Abschied. Roman. Broschur und st 172
Langsame Heimkehr. Erzählung. Leinen und st 1069
Die Lehre der Sainte-Victoire. Broschur und st 1070
Die linkshändige Frau. Erzählung. Broschur und st 560
Phantasien der Wiederholung. Journal. es 1168
Prosa, Gedichte, Theaterstücke, Hörspiele, Aufsätze. Sonderausgabe. Kartoniert
Publikumsbeschimpfung und andere Sprechstücke. es 177
Der Ritt über den Bodensee. es 509
Stücke I. st 43
Stücke II. st 101
Die Stunde der wahren Empfindung. Leinen, BS 773 und st 452
Über die Dörfer. Dramatisches Gedicht. Broschur und st 1072
Die Unvernünftigen sterben aus. Stück. st 168
Die Wiederholung. Leinen
Wind und Meer. Hörspiele. es 431
Wunschloses Unglück. Erzählung. BS 834 und st 146
Wim Wenders/Peter Handke: Der Himmel über Berlin. Filmbuch. Kartoniert

25/1/10.87

Peter Handke
Sein Werk im Suhrkamp Verlag

Übersetzungen
Aischylos: Prometheus, Gefesselt. Broschur
Emmanuel Bove: Armand. Roman. BS 792
– Bécon-les-Bruyères. Eine Vorstadt. BS 872
– Meine Freunde. BS 744
Georges-Arthur Goldschmidt: Der Spiegeltag. Roman. Gebunden
Gustav Januš. Gedichte. Zweisprachig. BS 820
Florjan Lipuš. Der Zögling Tjaž. Roman. st 993
Patrick Modiano: Eine Jugend. Gebunden
Walker Percy: Der Idiot des Südens. Roman. Gebunden
– Der Kinogeher. Roman. BS 903
Francis Ponge: Das Notizbuch vom Kiefernwald. La Mounine. BS 774

Zu Handke
Peter Handke. Herausgegeben von Raimund Fellinger. stm 2004
Peter Pütz: Peter Handke. st 854

25/2/10.87

edition suhrkamp
Eine Auswahl

Abelshauser: Wirtschaftsgeschichte der Bundesrepublik Deutschland 1945-1980. NHB. es 1241
Abendroth: Ein Leben in der Arbeiterbewegung. es 820
Achebe: Okonkwo oder Das Alte stürzt. es 1138
Adam/Moodley: Südafrika ohne Apartheid? es 1369
Adorno: Eingriffe. es 10
– Gesellschaftstheorie und Kulturkritik. es 772
– Jargon der Eigentlichkeit. es 91
– Kritik. es 469
– Ohne Leitbild. Parva Aesthetica. es 201
– Stichworte. es 347
Das Afrika der Afrikaner. Gesellschaft und Kultur Afrikas. es 1039
Andréa: M. D. es 1364
Arbeitslosigkeit in der Arbeitsgesellschaft. Hg. von W. Bonß und R. G. Heinze. es 1212
Aus der Zeit der Verzweiflung. Zur Genese und Aktualität des Hexenbildes. es 840
Bachtin: Die Ästhetik des Wortes. es 967
Barthes: Kritik und Wahrheit. es 218
– Leçon/Lektion. es 1030
– Literatur oder Geschichte. es 303
– Michelet. es 1206
– Mythen des Alltags. es 92
– Das Reich der Zeichen. es 1077
– Semiologisches Abenteuer. es 1441
– Die Sprache der Mode. es 1318
Beck: Gegengifte. Die organisierte Unverantwortlichkeit. es 1468
– Risikogesellschaft. es 1365
Beckett: Endspiel. Fin de Partie. es 96
– Flötentöne. es 1098
– Mal vu mal dit. Schlecht gesehen, schlecht gesagt. es 1119
– Worstward Ho. es 1474
Benjamin: Aufklärung für Kinder. Rundfunkvorträge. es 1317
– Briefe. 2 Bände. es 930
– Das Kunstwerk im Zeitalter seiner technischen Reproduzierbarkeit. es 28
– Moskauer Tagebuch. es 1020
– Das Passagen-Werk. 2 Bde. es 1200
– Über Kinder, Jugend und Erziehung. es 391
– Versuche über Brecht. es 172
– Zur Kritik der Gewalt und andere Aufsätze. es 103
Bernhard: Der deutsche Mittagstisch. es 1480
– Ein Fest für Boris. es 440
– Prosa. es 213
– Ungenach. Erzählung. es 279
Bertaux: Hölderlin und die Französische Revolution. es 344
Biesheuvel: Schrei aus dem Souterrain. es 1179
Bildlichkeit. Hg. von V. Bohn. es 1475
Bloch: Abschied von der Utopie? Vorträge. es 1046
– Kampf, nicht Krieg. Politische Schriften 1917-1919. es 1167

318/1/12.88

edition suhrkamp
Eine Auswahl

Brecht: Trommeln in der Nacht. es 490
– Der Tui-Roman. es 603
– Über den Beruf des Schauspielers. es 384
– Über die bildenden Künste. es 691
– Über experimentelles Theater. es 377
– Über Lyrik. es 70
– Über Politik auf dem Theater. es 465
– Über Politik und Kunst. es 442
– Über Realismus. es 485
– Das Verhör des Lukullus. es 740
Brecht-Journal. Hg. von J. Knopf. es 1191
Brecht-Journal 2. Hg. von J. Knopf. es 1396
Brunkhorst: Der Intellektuelle im Land der Mandarine. es 1403
Buch: Der Herbst des großen Kommunikators. es 1344
– Waldspaziergang. es 1412
Bürger, P.: Theorie der Avantgarde. es 727
Buro/Grobe: Vietnam! Vietnam? es 1197
Celan: Ausgewählte Gedichte. Zwei Reden. es 262
Cortázar: Letzte Runde. es 1140
– Das Observatorium. es 1527
– Reise um den Tag in 80 Welten. es 1045
Deleuze/Guattari: Kafka. es 807
Deleuze/Parnet: Dialoge. es 666
Denken, das an der Zeit ist. Hg. von F. Rötzer. es 1406
Derrida: Die Stimme und das Phänomen. es 945
Determinanten der westdeutschen Restauration 1945-1949. es 575
Ditlevsen: Gesichter. es 1165
– Sucht. Erinnerungen. es 1009
– Wilhelms Zimmer. es 1076
Doi: Amae. Freiheit in Geborgenheit. es 1128
Dorst: Toller. es 294
Dröge/Krämer-Badoni: Die Kneipe. es 1380
Dubiel: Was ist Neokonservatismus? es 1313
Duerr: Satyricon. es 1346
– Traumzeit. es 1345
Duras: Eden Cinéma. es 1443
– La Musica Zwei. es 1408
– Sommer 1980. es 1205
– Das tägliche Leben. es 1508
– Vera Baxter oder Die Atlantikstrände. es 1389
Duras/Porte: Die Orte der Marguerite Duras. es 1080
Eco: Zeichen. es 895
Eich: Botschaften des Regens. es 48
Elias: Humana conditio. es 1384
Enzensberger: Blindenschrift. es 217
– Einzelheiten I. Bewußtseins-Industrie. es 63
– Einzelheiten II. Poesie und Politik. es 87
– Die Furie des Verschwindens. Gedichte. es 1066
– Landessprache. Gedichte. es 304
– Palaver. Politische Überlegungen. es 696
– Das Verhör von Habana. es 553

318/3/12.88

edition suhrkamp
Eine Auswahl

Enzensberger: Der Weg ins Freie. Fünf Lebensläufe. es 759
Esser: Gewerkschaften in der Krise. es 1131
Faszination der Gewalt. Friedensanalysen Bd. 17. es 1141
Feminismus. Hg. von Luise F. Pusch. es 1192
Feyerabend: Erkenntnis für freie Menschen. es 1011
– Wissenschaft als Kunst. es 1231
Fortschritte der Naturzerstörung. Hg. von R. P. Sieferle. es 1489
Foucault: Psychologie und Geisteskrankheit. es 272
Frank: Gott im Exil. es 1506
– Die Grenzen der Verständigung. es 1481
– Der kommende Gott. es 1142
– Motive der Moderne. es 1456
– Die Unhintergehbarkeit von Individualität. es 1377
– Was ist Neostrukturalismus? es 1203
Frauen in der Kunst. 2 Bde. es 952
Frevert: Frauen-Geschichte. NHB. es 1284
Frisch: Biedermann und die Brandstifter. es 41
– Die Chinesische Mauer. es 65
– Don Juan oder Die Liebe zur Geometrie. es 4
– Frühe Stücke. es 154
– Graf Öderland. es 32
Gerhard: Verhältnisse und Verhinderungen. es 933
Geyer: Deutsche Rüstungspolitik 1860-1980. NHB. es 1246
Goetz: Krieg/Hirn. 2 Bde. es 1320
Goffman: Asyle. es 678
Geschlecht und Werbung. es 1085
Gorz: Der Verräter. es 988
Gstrein: Einer. es 1483
Habermas: Eine Art Schadensabwicklung. es 1453
– Legitimationsprobleme im Spätkapitalismus. es 623
– Die Neue Unübersichtlichkeit. es 1321
– Technik und Wissenschaft als Ideologie. es 287
– Theorie des kommunikativen Handelns. 2 Bde. es 1502
Hänny: Zürich, Anfang September. es 1079
Handke: Die Innenwelt der Außenwelt der Innenwelt. es 307
– Kaspar. es 322
– Phantasien der Wiederholung. es 1168
– Publikumsbeschimpfung und andere Sprechstücke. es 177
– Der Ritt über den Bodensee. es 509
– Wind und Meer. es 431
Henrich: Konzepte. es 1400
Hentschel: Geschichte der deutschen Sozialpolitik 1880-1980. NHB. es 1247
Hesse: Tractat vom Steppenwolf. es 84
Die Hexen der Neuzeit. Hg. von C. Honegger. es 743
Hilfe + Handel = Frieden? Friedensanalysen Bd. 15. es 1097
Hobsbawm: Industrie und Empire 1/2. es 315/316

318/4/12.88

edition suhrkamp
Eine Auswahl

Imperialismus und strukturelle Gewalt. Hg. von D. Senghaas. es 563
Irigaray: Speculum. es 946
Jahoda/Lazarsfeld/Zeisel: Die Arbeitslosen von Marienthal. es 769
Jakobson: Kindersprache, Aphasie und allgemeine Lautgesetze. es 330
Jasper: Die gescheiterte Zähmung. Wege zur Machtergreifung Hitlers 1930-1934. NHB. es 1270
Jauß: Literaturgeschichte als Provokation. es 418
Johnson: Begleitumstände. Frankfurter Vorlesungen. es 1019
– Der 5. Kanal. es 1336
– Jahrestage. Aus dem Leben von Gesine Cresspahl. 4 Bde. es 1500
– Karsch, und andere Prosa. es 59
– Porträts und Erinnerungen. es 1499
– Versuch einen Vater zu finden. Tonkassette mit Textheft. es 1416
Jones: Frauen, die töten. es 1350
Joyce: Werkausgabe in sechs Bänden. es 1434-1439
– Bd. 1: Dubliner. es 1434
– Bd. 2: Stephen der Held. es 1435
– Bd. 3: Ulysses. es 1100
– Bd. 4: Kleine Schriften. es 1437
– Bd. 5: Gesammelte Gedichte. es 1438
– Bd. 6: Finnegans Wake (englisch). es 1439
– Finnegans Wake. Übertragungen. es 1524
– Penelope. es 1106
Hans Wollschläger liest ›Ulysses‹. Tonbandkassette. es 1105
Kenner: Ulysses. es 1104
Kindheit in Europa. Hg. von H. Hengst. es 1209
Kipphardt: In der Sache J. Robert Oppenheimer. es 64
Kirchhoff: Body-Building. es 1005
Kluge, A.: Gelegenheitsarbeit einer Sklavin. es 733
– Lernprozesse mit tödlichem Ausgang. es 665
– Neue Geschichten. Hefte 1-18. es 819
– Schlachtbeschreibung. es 1193
Kluge, U.: Die deutsche Revolution 1918/1919. NHB. es 1262
Koeppen: Morgenrot. Anfänge eines Romans. es 1454
Kolbe: Abschiede und andere Liebesgedichte. es 1178
– Bornholm II. Gedichte. es 1402
– Hineingeboren. Gedichte 1975-1979. es 1110
Konrád: Antipolitik. es 1293
– Stimmungsbericht. es 1394
Kriegsursachen. Friedensanalysen Bd. 21. es 1238
Krippendorff: Staat und Krieg. es 1305
– »Wie die Großen mit den Menschen spielen.« es 1486
Kristeva: Liebesgeschichten. es 1482
– Die Revolution der poetischen Sprache. es 949

318/5/12.88

edition suhrkamp
Eine Auswahl

318/6/12.88

318/7/12.88

edition suhrkamp
Eine Auswahl

Petri: Schöner und unerbittlicher Mummenschanz. Gedichte. es 1528
– Zur Hoffnung verkommen. Gedichte. es 1360
Politik der Armut. Hg. von S. Leibfried und F. Tennstedt. es 1233
Populismus und Aufklärung. Hg. von H. Dubiel. es 1376
Powell: Edisto. es 1332
– Eine Frau mit Namen Drown. es 1516
Psychoanalyse der weiblichen Sexualität. Hg. von J. Chasseguet-Smirgel. es 697
Pusch: Das Deutsche als Männersprache. es 1217
Raimbault: Kinder sprechen vom Tod. es 993
Ribeiro, D.: Unterentwicklung Kultur und Zivilisation. es 1018
– Wildes Utopia. es 1354
Ribeiro, J. U.: Sargento Getúlio. es 1183
Rodinson: Die Araber. es 1051
Roth: Die einzige Geschichte. Theaterstück. es 1368
– Das Ganze ein Stück. Theaterstück. es 1399
– Krötenbrunnen. Ein Stück. es 1319
Rubinstein: Immer verliebt. es 1337
– Nichts zu verlieren und dennoch Angst. es 1022
– Sterben kann man immer noch. es 1433
Rühmkorf: agar agar – zaurzaurim. es 1307
Russell: Probleme der Philosophie. es 207
– Wege zur Freiheit. es 447
Schindel: Geier sind pünktliche Tiere. es 1429
– Im Herzen die Krätze. es 1511
– Ohneland. es 1372
Schlaffer: Der Bürger als Held. es 624
– Die Bande. Erzählungen. es 1127
Schönhoven: Die deutschen Gewerkschaften. NHB. es 1287
Schrift und Materie der Geschichte. Hg. von C. Honegger. es 814
Schröder: Die Revolutionen Englands im 17. Jahrhundert. NHB. es 1279
Schubert: Die internationale Verschuldung. es 1347
Das Schwinden der Sinne. Hg. von D. Kamper und C. Wulf. es 1188
Sechehaye: Tagebuch einer Schizophrenen. es 613
Senghaas: Konfliktformationen im internationalen System. es 1509
– Von Europa lernen. es 1134
– Weltwirtschaftsordnung und Entwicklungspolitik. es 856
– Die Zukunft Europas. es 1339
Simmel: Schriften zur Philosophie und Soziologie der Geschlechter. es 1333
Sloterdijk: Der Denker auf der Bühne. es 1353
– Eurotaoismus. es 1450

318/8/12.88

318/9/12.88

edition suhrkamp
Eine Auswahl

Weiss, P.: Die Besiegten. es 1324
– Fluchtpunkt. es 125
– Das Gespräch der drei Gehenden. es 7
– Der neue Prozeß. es 1215
– Notizbücher 1960-1971. 2 Bde. es 1135
– Notizbücher 1971-1980. 2 Bde. es 1067
– Rapporte. es 276
– Rapporte 2. es 444
– Der Schatten des Körpers des Kutschers. es 53
– Stücke I. es 833
– Stücke II. 2 Bde. es 910
– Die Verfolgung und Ermordung Jean Paul Marats ... es 68
Sinclair (P. Weiss): Der Fremde. es 1007
Peter Weiss im Gespräch. Hg. von R. Gerlach und M. Richter. es 1303
Wellershoff: Die Auflösung des Kunstbegriffs. es 848
Die Wiederkehr des Körpers. Hg. von D. Kamper und C. Wulf. es 1132
Wippermann: Europäischer Faschismus im Vergleich 1922-1982. NHB. es 1245
Wirz: Sklaverei und kapitalistisches Weltsystem. NHB. es 1256
Wissenschaft im Dritten Reich. Hg. von P. Lundgreen. es 1306
Wittgenstein: Tractatus logico-philosophicus. es 12
Wünsche: Der Volksschullehrer Ludwig Wittgenstein. es 1299
Ziviler Ungehorsam im Rechtsstaat. Hg. von P. Glotz. es 1214

318/10/12.88